Klaus Gouders

# Herr, öffne meine Lippen

## Aus dem Buch der Psalmen

KBW VERLAG

KBW Verlag Stuttgart

Stuttgarter Kleiner Kommentar

— Altes Testament 22/I —

Herausgegeben von
Gabriele Miller und Franz Josef Stendebach

Die Psalmenzitationen wurden der revidierten Einheitsübersetzung der Katholischen Bibelanstalt GmbH, Stuttgart, entnommen.

ISBN 3-460-05221-X
Mit kirchlicher Druckerlaubnis

Lektorat: Martha Buck
Gesamtherstellung: Feindruck Franz Pistotnik, 7016 Gerlingen

# Inhalt

# Verzeichnis der behandelten Psalmen

# Einleitung

In dem vorliegenden Bändchen wird der Versuch unternommen, die Psalmen nach ihren Gattungen zusammenzufassen und in den einzelnen Gattungen Grundthemen alttestamentlicher Theologie nachzuspüren, die sich in Israels Gebeten niedergeschlagen haben. Indem die einzelnen Psalmen einen bestimmten Ort und Anlaß ihres Sprechens vielfach noch durchblicken lassen, eröffnen sie gleichzeitig den Zugang zu ihrem Verständnis und ermöglichen den Vollzug, sie heute zu beten.

Die immer wieder quälend aufbrechende Frage und der nie verstummende Ruf nach Gott haben sich in den Psalmen niedergeschlagen. So zeugen Israels Gebete von dem dauernden Nachdenken des Menschen über sich. Die Vielfalt der Lebenssituation wird zur Sprache gebracht, allerdings nicht in einer nebulösen Unbestimmtheit, sondern in der Anrede an ein Du, an eine Wirklichkeit, die glaubend erfahren wird, die das lebendige Gefühl der unmittelbaren Gegenwart Gottes vermittelt. In der Monumentalität seiner Sprache hat sich Israel zu einer Geistigkeit von einsamer Größe erhoben, getragen von dem Glauben an die Wirksamkeit der Gegenwart seines Gottes Jahwe.

Israels Gott wird in den Hymnen und Dankliedern gepriesen, in den Klageliedern angefleht, in den Zionsliedern der Ort der Gegenwart Jahwes besungen, in den Geschichtspsalmen das göttliche Wirken in der Geschichte verherrlicht und in den Torapsalmen Gottes Willenskundgabe gelobt, so daß sie allesamt eins herausstellen, daß Jahwe den Menschen anspricht und seine Antwort fordert. In immer neuen Variationen soll das neue Lied angestimmt werden (Ps 97,1), damit die Großtaten Gottes in der Vergangenheit die Hoffnung auf den Gott der Väter wachhalten, so daß er sich auch in den Notsituationen der Gegenwart als der Helfergott erweist und daß er derselbe ist und bleibt und sein wird.

## 1. Die Hymnen

Die Hymnen besingen Jahwes Herrlichkeit, Hoheit und Macht, preisen seine Schöpferkraft und seine Güte und erheben seine Großtaten in der Geschichte, um so die Einzigkeit und Unvergleichlichkeit des Gottes Israels herauszustellen. Sie haben ihren Ursprung, ihren „Sitz im Leben“, bei den festlichen Gottesdiensten im Heiligtum, die in der Vergegenwärtigung die Heilstaten Jahwes in der Vergangenheit verlebendigen und die Hoffnung auf Gottes Heilswirken in Gegenwart und Zukunft entbinden.
Der Aufbau des Hymnus ist sehr durchsichtig. Er beginnt mit der Aufforderung zum Lob und zählt in seinem Hauptteil die rühmenswerten Taten und Wesenseigenschaften Jahwes auf, in die oftmals erneute Aufforderungen zum Lob eingestreut sind.

*Aufforderung zum Lobpreis*

Halleluja!
Lobt, ihr Knechte des Herrn,
lobt den Namen des Herrn!
Der Name des Herrn sei gepriesen
von nun an bis in Ewigkeit!
Vom Aufgang der Sonne bis zum Untergang
sei der Name des Herrn gelobt! (Ps 113,1—3)

*Begründung des Lobes*

Der Herr ist erhaben über alle Völker,
seine Herrlichkeit überragt die Himmel.
Wer gleicht dem Herrn, unserm Gott,
im Himmel und auf Erden,
ihm, der in der Höhe thront,

der hinabschaut in die Tiefe,
der den Schwachen aus dem Staub emporhebt
und den Armen erhöht, der im Schmutz liegt?
Er gibt ihm einen Sitz bei den Edlen,
bei den Edlen seines Volkes.
Die Frau, die kinderlos war, läßt er im Hause wohnen;
sie wird Mutter und freut sich an ihren Kindern.
Halleluja! (Ps 113,4—9)

Gottes Heilstaten fordern von seinem Volk eine Antwort, so daß der Hymnus das Echo des Menschen auf die göttliche Offenbarung im Wort und in der geschichtsmächtigen Tat ist. Das Lob ist eigentlich die Gabe Gottes an die Menschen, da er ihnen den Lobpreis in den Mund legt. Die Tat Gottes an seinem Volk will aller Welt weitergesagt werden, damit Gottes Wirkkraft allen kund werde. Im Lob kommt der Mensch zu sich selbst, denn es ist die dem Menschen eigentümlichste Form des Existierens. Im Jubel und in der Freude überschlägt sich die Stimme; es fehlen die Worte, um den großen und erhabenen Gott zu preisen (Ps 95,1—2), so daß Hände (Ps 47,2) und Musikinstrumente den Gesang begleiten (Ps 47,6; 98,4—6; 150), weil nur auf diese Weise der Mächtigkeit des Gottes Israels die gebührende Huldigung dargebracht werden kann. Alles Geschaffene soll mit in das Lob einstimmen: der Himmel, die Erde und das Meer, das Feld und sein Gewächs und die Bäume des Waldes (Ps 96, 11—12). In den Hymnen gilt es, die Preiswürdigkeit und Unerforschlichkeit der Größe Jahwes herauszustellen; denn in der lebendigen Weitergabe von Mund zu Mund, von Generation zu Generation soll Gottes Walten gegenwärtig bleiben, so daß schließlich alle Welt Jahwes heiligen Namen preist (Ps 145,21).

*Psalm 8*

Der Wechselgesang wird von der Gemeinde (V. 2 und 10) und dem Vorsänger (V. 3—9) gesungen. Ob der Größe und Erhabenheit der Schöpfung wird der Mensch sich seiner Geringheit bewußt, besinnt sich aber, daß er den Himmlischen fast gleichgestellt ist und das Geschaffene beherrscht (vgl. Gen 1,26 ff).

*Psalm 19 A*

Das weisheitliche Lehrgedicht besingt die Sonne, die Künderin der göttlichen Herrlichkeit ist.

*Psalm 29*

Nach einem kanaanäischen Gewitterhymnus auf den Wettergott Baal-Hadad ist dieser Psalm formuliert, aber auf Jahwe, den Herrn bezogen, so daß er als der Gewaltige erscheint, dessen Donnerstimme sowohl über den Wassern, den mit Zedern bewachsenen Bergen des Libanon wie auch in den Wüsten erschallt. Jahwes Herrschaft über die Natur ist ein Abbild der endzeitlichen Heilsfülle, da seine Herrlichkeit die ganze Erde erfaßt (Jes 60,1 f).

*Psalm 33*

Er entstammt der weisheitlichen Schule der nachexilischen Zeit. Die Theologie des göttlichen Wortes der priesterlichen Kreise hat sich in diesem Lied niedergeschlagen.
Als Gemeinsamkeit weisen die Psalmen 8, 19 A, 29 und 33 die Herausstellung Jahwes als des Schöpfers auf, der durch sein Wort die Elemente ins Dasein rief und sie beherrscht, der den Menschen zu seinem Ebenbild erschaffen und zum Herrscher bestellt hat.

*Psalm 65*

Hier wird die heilsgeschichtlich entscheidende Tat der Erwählung (V. 5) gepriesen, um dann die Schöpfermacht (V. 6—9) zu besingen, die sich für Israel in der Fruchtbarkeit des Landes zeigt (V. 10—14).

*Psalm 66*

Jahwes entscheidende Tat für Israel, die Errettung am Meer und die Inbesitznahme des Landes Kanaan, ist Anlaß zu Dank und Lob, wobei der Auszug aus Ägypten sich in der Heimkehr aus der babylonischen Gefangenschaft wiederholt.

*Psalm 92*

Der Beter hat Jahwes Eingreifen erfahren (V. 3) und preist nun Gott für die Errettung. Der Dankhymnus hat eine lehrhafte Tendenz und ist von der Weisheitslehre beeinflußt, so daß er in der nachexilischen Zeit anzusetzen ist.

*Psalm 100*

Der Hymnus wird zur Prozession gesungen und ist von der Bekenntnisformel, daß Jahwe Gott ist, bestimmt.

*Psalm 104*

Die Schöpfungslehre Israels aus Gen 1—2 und Ijob 38—40 hat hier ihre hymnische Ausprägung erfahren.

*Psalm 107*

Der erste Teil des Psalms besteht aus einer Dankfestliturgie (V. 1 bis 32). Einzelne Gruppen, denen Jahwes Schutz in besonderer Weise zuteil geworden ist, werden aufgerufen, ihre Gelübde zu erfüllen und Jahwe zu preisen. Im zweiten Teil liegt ein weisheitlicher Hymnus (V. 33—43) vor, der als gemeinsame Danksagung aller zum Gottesdienst Versammelten gedacht sein könnte. Der Psalm ist in nachexilischer Zeit entstanden.

*Psalm 111*

In der Form des Dankhymnus wird Jahwes Erlösungstat und die Setzung des Bundes gepriesen.

*Psalm 113*

Er besingt Jahwes Unvergleichlichkeit, seine Größe und Erhabenheit und seine Hinwendung zum Menschen.
Zur Reihe der Hallel-Psalmen (113—118) gehörend, zählt er zu den

Liedern, die bei den großen Festen Israels verwendet werden. Mit Psalm 113 wird das Paschamahl eröffnet.

*Psalm 114*

Israels Erwählung auf Grund der entscheidenden Ereignisse der Befreiung aus Ägypten und der Errettung am Meer, die dem Volk erst Existenzmöglichkeit geben, wird mit kosmischen Geschehnissen verbunden.

*Psalm 117*

Die Aufforderung zum Lob erwächst aus dem zweiten Exodus, der Heimführung aus dem babylonischen Exil.

*Psalm 134*

Der Hymnus ist verbunden mit dem Priestersegen (V. 3). Während die Gemeinde den Bereich des Tempels verläßt, fordert sie die Priester und Leviten auf, den nächtlichen Gottesdienst zu vollziehen (vgl. Jes 30,29).

*Psalm 135*

Der Hymnus ist für die feiernde Festgemeinde geschrieben. Er besingt Jahwes Schöpfungswalten und sein Erlösungshandeln, um so die Einzigartigkeit und Überlegenheit Jahwes zu preisen.

*Psalm 145*

Ein Hymnus, der Jahwe als den König der Geschichte lobt, weil er sich in ihr offenbart. In seiner Fürsorglichkeit beachtet er vor allem die Geringen und Armen.

*Psalm 146*

Der Dankhymnus hat zugleich lehrhaften Charakter. Von Aussagen über Jahwe als den Schöpfergott geht er über zu Aussagen über Jahwe, den Gott der Unterdrückten und Bedrängten.

*Psalm 147*

Der Psalm zeigt charakteristische hymnische Formmerkmale (V. 1 bis 6.7—11.12—20). Parallelen zu Psalm 33 und 104 und dem zweiten Teil des Jesajabuches (Jes 40—55) lassen sich ziehen. Das Rufen der Sterne bei ihrem Namen hat als schöpferischer und zugleich hoheitsrechtlicher Akt (Jes 40,26) zu gelten. Jahwes Schöpfermacht und sein Erlösungshandeln werden zusammengeschaut.

*Psalm 148*

Der Hymnus ruft zum kosmischen Lobpreis auf, um auf diese Weise die himmlische und die irdische Welt im Gotteslob zu verbinden.

*Psalm 149*

Der Hymnus hat endzeitlichen Akzent. Er sieht den zweiten Exodus, in dem Jahwe die Seinen mit seiner Herrlichkeit umgibt, als ein Geschehen, das einst über die ganze Welt sich ausweitet.

*Psalm 150*

Der Hymnus beschließt den Psalter. Er wird wohl eigens als Doxologie, als abschließender Lobpreis, verfaßt worden sein, um den Namen der Sammlung der Psalmen, „Preisung", zu unterstreichen.

## Die Heilsgeschichte

In nicht wenigen Hymnen nimmt das Lob der Erretteten und Erlösten einen breiten Raum ein, indem die Thematik der Befreiung aus Ägypten und des Meerdurchzuges aufgenommen wird, um die

göttlichen Machttaten in der gottesdienstlichen Vergegenwärtigung zu feiern (Ps 66,6; 78,42—55; 105,5; 114; 135,8). Die theologische Aussage von Israels Erwählung stellt das Geschehen des Auszugs aus Ägypten als Jahwes gnädiges Handeln, das Israel ins Dasein ruft, heraus, wobei die Erwählung mit dem Bundesgedanken verknüpft wird. Im heiligen Mahl werden die Feiernden Jahwes Kult- und Mahlgenossen (Ps 65,5). Schließlich weitet sich der Blick und Jahwe wird als der auf dem Zion thronende Weltenschöpfer gepriesen (Ps 65,7—9), der sich in seinen Zeichen allen Menschen offenbart (Ps 65,9).
Um das Geschehen der Kundgabe des göttlichen Namens immer wieder ins Gedächtnis zu rufen, zählt beispielsweise Psalm 135 die markanten Punkte des göttlichen Erlösungshandelns an Israel auf, um in den Lobpreis einzufallen:

> Herr, dein Name währt ewig,
> das Gedenken an dich, Herr, von Geschlecht zu Geschlecht.
> (Ps 135,13)

In den Psalmen hat sich jener Glaube verdichtet, der seine Kraft von der Vorstellung des Handelns Jahwes in der Geschichte bezieht. Jahwe wird erkannt an seinen mächtigen Geschichtstaten. Er hat die Unterdrückten erlöst und in die Freiheit geführt, den Umherirrenden hat er sein Land zum Erbbesitz gegeben; die Lade und später der Zion mit dem Tempel sind die dinghaften Zeichen seiner Gegenwart. Durch sein Heilshandeln für Israel, eingebettet in geschichtliche Geschehnisse, erweist sich Jahwe als der lebendige, als der allzeit nahe und zugleich heilige Gott, der sein Volk aussondert und in seinen Dienst stellt. Die entscheidenden Punkte in der Geschichte Israels hat Jahwe selbst gesetzt, damit das Volk auch in Zukunft immer auf ihn verwiesen ist, denn wie er in der Vergangenheit handelte, so wird er immer für die Seinen dasein und sie durch sein rettendes Tun begleiten und somit auch das zukünftige Geschick bestimmen. Das Besingen der Großtaten Gottes in der Geschichte geschieht nicht nur zur Erinnerung, sondern die Ereignisse selber und ihr Lobpreis wecken Hoffnung und Vertrauen, weil Jahwes Wirken sich nicht im einmaligen Geschehen erschöpfen kann. Hier wird letztlich Weissagung gesungen, weil das Erlebte Folgen haben wird. Aus der Geschichte her erwächst das Vertrauen in die Zukunft, denn der Glaube an die Macht des in der Vergangenheit erfahrenen Gottes ist wirksam, und so ist der Gott Israels ein Gott, der seine Verheißungen einlöst und in der Geschichte seine Spur hinterläßt. Israels Gott ist seinem Charakter nach der Helfende, der Führende, der Siegende und daher auch der Kommende, so daß alle Zukunft Gottes Zukunft ist. Weil Jahwe in den Lauf der Geschichte eingegriffen hat und immer wieder eingreift, ist es offenbar, daß er der Herr der Geschichte ist. Dem Heil des Volkes korrespondiert das Heil des einzelnen, denn Jahwe prüft und läutert zwar (Ps 66,10—12), aber am Ende führt er in die Freiheit. Das Erfahren des begleitenden Mitseins Jahwes und seiner Heilszuwendung bedingen die Dienstbereitschaft. Jahwe hat Israel ins Dasein gerufen und ihm Existenz verschafft (vgl. Jes 43,1) und damit ist Israel Jahwes Eigentumsvolk (Ps 100,3). Israel preist Jahwes große Taten in seinen Gebeten und Liedern, um so dem Auftrag zur Kundgabe und Proklamation gerecht zu werden, denn das Ausrufen, Proklamieren des Gottesnamens (Ps 105,1) eröffnet das Geheimnis der Heilsgegenwart Jahwes. Jahwe ist ein Gott, der sein Wesen im Wunderzeichen und im Strafurteil zugleich erschließt (Ps 105,5). Deshalb wiederholen die Geschichtspsalmen (vgl. Ps 78; 105; 106) die Geschichte des Volkes, das Jahwes Bundestreue erfahren hat, angefangen bei den Wanderungen der Erzväter, dem Auszug aus Ägypten, der Bewahrung auf dem Wüstenzug, der Inbesitznahme des Landes Kanaan (Ps 105,8—44) bis zur Erwählung des Zion (Ps 78,68 f) und der Dynastie Davids (Ps 78, 70 ff).

In diesen Psalmen wird Gottes Walten in der Geschichte erzählt, damit Israel nach Jahwes Geboten sich richtet. Die Gehorsamsverpflichtung des Volkes Jahwe gegenüber wird mit der Dankbarkeit für Jahwes Heilstaten begründet.

Die Geschichtspsalmen sind gerade durch die Betonung der Errettung und Befreiung (Ps 78,13 f; 105,38; 106,8—11) dazu angetan, die Hoffnung auf Jahwes neuerliches Befreiungshandeln wachzuhalten. „Die Befreiten Jahwes kehren heim. Mit Jauchzen kommen sie nach Zion, und ewige Freude ist auf ihrem Haupt. Sie erlangen Freude und Wonne; es fliehen Kummer und Seufzen“ (Jes 35,10).

Jahwes Erlösungshandeln in der Herausführung aus dem Exil wird als neuer Exodus beschrieben, bei dem Schöpfungstat und Befreiung aus Ägypten als Einheit gesehen werden, wohl aus dem Wissen heraus, daß die Errettung der Moseschar am Meer der Beginn Israels als Volk bedeutet. „Warst du es nicht, der das Meer vertrocknen ließ, das Wasser der gewaltigen Flut, der die Tiefe des Meeres zum Wege schuf, daß die Erlösten durch sie hindurchziehen konnten? Die Jahwe erlöste, kehren heim, jauchzend werden sie nach Zion kommen, ewige Freude strahlt über ihren Häuptern. Jubel und Wonne wird ihr Anteil, entflohen sind Leid und Kummer" (Jes 51,10 f). Dieser zweite Exodus wird so überwältigend sein, daß der erste Exodus darüber verblaßt (Jes 43,18 f), denn Jahwe ist der Gott der Zukunft, der sich im Eröffnen des Heils gleichsam überbietet. Indem Israel sich einzig und allein seinem Gott Jahwe verdankt und sich diese Erwählungstat nicht nur als Ereignis der Vergangenheit bewußt macht, sondern in seinen Liedern mehr noch als ein Geschehen der Zukunft besingt, erschließt es Gott als geschichtsbestimmende Kraft und eröffnet so das Wesentliche seines Wesens.

Er hat ein Gedächtnis an seine Wunder gestiftet,
der Herr ist gnädig und barmherzig.
Er gibt denen Speise, die ihn fürchten,
an seinen Bund denkt er auf ewig.
Er hat seinem Volk seine machtvollen Taten kundgetan,
um ihm das Erbe der Völker zu geben.
Die Werke seiner Hände sind gerecht und beständig
und all seine Gebote sind verläßlich.
Sie stehen fest für immer und ewig,
geschaffen in Treue und Redlichkeit.
Er gewährt seinem Volk Erlösung
und bestimmt seinen Bund für ewige Zeiten.
Furchtgebietend ist sein Name und heilig.

(Ps 111,4—9)

## Gottes Offenbarung in der Natur

Die Naturbetrachtung will nie als Selbstzweck verstanden werden, sondern weist auf den Schöpfer hin (Ps 19,2), erzählt sie doch wortlos, aber um so beredter, daß im Ablauf der Naturgesetzlichkeiten eine Ordnung besteht, die nach dem Ordner fragen läßt (Ps 19,3.4). Allerdings ist zu beachten, daß Israel den Begriff Natur mehr als Geschehen denn als Sein versteht und mehr als ein persönliches Widerfahrnis denn als neutralen Gegenstand seiner Erkenntnis.

Die Elemente und Gestirne sind in den Psalmen ihrer Macht beraubt, weil die Götter und Mächte Jahwe untertan sind (Ps 29,1—2). Jahwe beherrscht als König die himmlische Welt (Ps 29,10). Durch sein schöpferisches Wort werden die Himmel, und er faßt die Wasser des Meeres in einen Schlauch. „Denn der Herr sprach, und sogleich geschah es, er gebot, und alles war da" (Ps 33,9). Jahwes Schöpfungswort, das die Welt ins Dasein rief, und sein befreiendes Wort bei seiner Errettungstat am Meer, das Israels Existenz ermöglichte, werden in eins gesehen. Jahwes Hand hat den Erdboden gegründet und den Himmel ausgespannt; alles, was er ruft, steht da (Jes 48,13). Nicht von ungefähr wird die Natur als eine Form des göttlichen Sprechens angesehen. Die „Stimme des Herrn", dargestellt in den Donnerschlägen des Gewitters (Ps 29,3), ist furchterregend und unheilbringend und zugleich Hinweis auf Jahwes Schöpferwort (Ps 104,7; vgl. Gen 1), so daß der Donner für Jahwes Feinde Grund des Schreckens, für Israel aber Anlaß zu tiefer Ehrfurcht ist, denn Jahwe gibt seinem Volk Kraft und Segen (Ps 29,11). Indem im Lob immer wieder auf Jahwes anfängliches Schöpfungswalten zurückverwiesen wird, da er die chaotischen Unheilsmächte bändigte, wird auch für die Gegenwart Hoffnung auf Hilfe entbunden (Ps 29,11). Psalm 29 hat gleichsam die machtvollen altorientalischen Gewittergottheiten „getauft", indem Jahwe als der Herr des Gewitters erscheint, das seine Stimme ist.

*Hymne an Adad-Rammân*

Vater Iškur, Herr, der auf dem Sturm daherreitet,
ist dein Name, hochragender Gott,
Vater Iškur, der auf dem Orkan daherreitet,
ist dein Name, hochragender Gott,
Iškur, Löwe des Himmels, erhabener Stier, strahlender
ist dein Name, hochragender Gott.
Dein Name packt die Welt,
Dein Glanz bedeckt die Welt wie ein Kleid,
Bei deinem Donner wankt der große Berg, Vater Enlil,
Bei deinem Gebrüll zittert die große Mutter Ninlil ...
Lichtgeist, möge dein Brausen seine Stimme erschallen lassen,
Lichtgeist, weitblickender Weiser,
Den Blitz, deinen Boten, laß vorausziehen,
Lichtgeist, weitblickender Weiser.[1]

Der Psalm 29 ist eines der eindrucksvollsten Beispiele für die Übernahme und Umdeutung mythologisch bestimmter Hymnen in die israelitische Gottesvorstellung. An die Stelle der Gewittergottheit ist Jahwe getreten, der als Spitze der Götterwelt erscheint. Ähnliche Vorstellungen stehen auch hinter Psalm 82,1:

Gott steht auf in der Versammlung der Götter,
im Kreis der Götter hält er Gericht.

Im Herausstreichen der Macht und Größe Jahwes werden die Götter entmachtet. Blitz, Donner, Sturm, Hagel und Feuer, einst im kanaanäisch-mesopotamischen Raum selbständige Götter, sind nun Begleiterscheinungen der Gottesoffenbarung:

Du nimmst Dir die Wolken zum Wagen,
du fährst einher auf den Flügeln des Sturmes.
Du machst dir die Winde zu deinen Boten
und lodernde Feuer zu deinen Dienern. (Ps 104,3.4)

[1] Aus: *H. Gressmann*, Altorientalische Texte zum Alten Testament, Berlin und Leipzig [2]1926, 248.

Jahwe führt die Wolken herauf vom Ende der Erde, er läßt es blitzen und regnen, holt den Sturm aus seinen Kammern (Ps 135,7). Die Elemente sind von Jahwe für den Menschen geschaffen, um Fruchtbarkeit dem Land zu geben und damit dem Volk Lebensmöglichkeit.

In Psalm 29 geht es um Jahwe. Er ist der alleinige Herr, ihm sind die Naturgewalten untertan und zu Diensten, und deshalb gebührt ihm Huldigung. Jahwes Verhältnis zur Welt wird vom Äußerlichen her als Wunder bringend und Furcht gebietend zugleich umschrieben. So läßt auch der Satz „O herrlicher Gott" in Psalm 29,9 auf einen Ruf von urtümlichem Gepräge schließen, der als Kultruf das sinnenfällig Erfahrbare der machtvollen Erscheinung Jahwes im Lobpreis aussagt. Jahwes Mächtigkeit, sein Ansehen und seine Ehre sind auf die verschiedenste Weise in der Welt anschaulich geworden, denn seine Herrlichkeit erfüllt im Grunde die ganze Schöpfung (Jes 6,3), so daß der Mensch in den Lobpreis auf Jahwes Größe und Macht einfallen muß.

Hoheit und Pracht sind vor seinem Angesicht,
Macht und Glanz in seinem Heiligtum.
Bringt dar dem Herrn, ihr Stämme der Völker,
bringt dar dem Herrn Ehre und Macht!
Bringt dar dem Herrn die Ehre seines Namens,
spendet Opfergaben, und tretet ein in sein Heiligtum!
In heiligem Schmuck werft euch nieder vor dem Herrn,
erbebt vor ihm, alle Länder der Erde! (Ps 96,6—9)

Jahwe hat die Schöpfung nicht nur ins Dasein gerufen, sondern er lenkt sie auch weiterhin. Die Wasser der Urflut wichen vor seinem Drohen, eine Grenze haben sie fortan, die sie nicht mehr überschreiten dürfen (Ps 104,6—9; vgl. Ijob 38,8—11; Gen 9,11—15). Die Quellwasser stillen den Durst der Tiere, Gras nützt dem Vieh, und Pflanzungen legt der Mensch für seinen Unterhalt an (Ps 104,10 bis 15). Hier hat sich eine aufgeklärte, wissenschaftliche Geistigkeit niedergeschlagen, die eine ganz und gar unmythologische Welt bestaunt. Mit der naturwissenschaftlichen Listenwissenschaft, die die Erscheinungen der Natur in langen Listen aufzählt, wird Hand in Hand gearbeitet; ihr werden die Gegenstände des Lobpreises entnommen. Aber alle Aussagen sind und bleiben Glaubensaussagen, indem sie zeigen, wie die Welt vor Gott offen liegt und wie Gott sie sieht. Diese Thematik wird in Psalm 33 auf das göttliche Wort in seiner wunderbaren Macht ausgedehnt. Denn Jahwes schöpferisches Wort ruft ins Dasein (Ps 33,9), aber wenn er seiner Schöpfung das Wohlwollen entzieht, sinkt sie ins Chaos zurück (Ps 104,29; vgl. Ps 30,8). Gerade der Psalm 33 stellt über die urtümliche Schöpfungsbeziehung hinausgehend eine geschichtlich-aktuelle Lebensbeziehung heraus (Ps 33,5.8). Jahwes Wort ist wirkende Kraft, die in alle Bereiche der Welt und des Lebens eindringt und dort gestaltend wirkt, denn Jahwe überläßt zu keiner Zeit die Schöpfung sich selbst, sondern begleitet sie mit seiner Güte und seinem Segen. Das von ihm gesprochene Wort wird als ein wirklich bestehendes Ding aufgefaßt und wegen seiner Macht gepriesen; es ist nicht dem Wandel unterworfen, sondern besteht auf immer und ewig (Jes 40,8), hat unwiderruflich Bestand (Ps 89,35 f), kehrt nicht erfolglos zu Jahwe zurück (Jes 55, 10). Gerade die Theologie der Priesterschrift macht überaus häufig Aussagen über die Wirkmächtigkeit des göttlichen Wortes. Himmel und Erde, Pflanzen, Tiere und Menschen ruft das Wort Jahwes ins Dasein und wandelt so das Chaos zum Kosmos (Gen 1; vgl. Ps 147, 4; 148). In ähnlicher Weise preisen die Hymnen in Deuterojesaja (= der „zweite" Jesaja, Kap. 40—55 des Jesajabuches) Gottes Schöpferkraft in seinem Wort. „Ich bin es! Ich bin der Erste und der Letzte! Meine Hand hat die Erde gegründet, und meine Rechte hat die Himmel ausgespannt. Ich rief ihnen zu; allesamt standen sie da" (Jes 48,12 f; vgl. 40,26; 44,24; 50,2 f). Es kommt fast zu einem Zusammenfallen der Weltschöpfung und der Schaffung Israels (vgl. Jes 51,9 ff); denn durch die Gegenüberstellung von Weltschöpfung und Erlösung Israels wird die Heilsbedeutung des Schöpfungswirkens herausgestellt, so daß das Ergehen des schöpferischen göttlichen Wortes nichts anderes will, als die Heilsgeschichte Gottes am Anfang der Welt beginnen zu lassen. So erfährt auch der Mensch erst Belebung durch den göttlichen Odem, der aber freies Geschenk Jahwes ist und dessen Verweigerung den Menschen wieder in die tote Stofflichkeit zurückfallen läßt (Ps 104,29). Alle Lebewesen sind an ihren Schöpfer gebunden, und indem er frei über sie verfügt, wird auf das deutlichste Jahwes Herrsein herausgestellt. Er ruft ins Leben und schickt auch das Sterben. Da Jahwe aber der Gott des Lebens ist, erneuert seine dauernde Schöpfungskraft die Erde. Hier wird eine Deutung des Werdens und Vergehens in der Natur gegeben, bei der die Schrecken des Todes durch die fortwährende Neuschöpfung überwunden werden.

Psalm 148 faßt in einem großartigen Loblied die Elemente der Natur zusammen: Sonne und Mond, die leuchtenden Sterne, die Wasser, das Feuer, der Hagel, Schnee und Rauch, Sturmwind, Berge und Hügel, sie alle sollen Jahwe loben, denn zu seinem Preis sind sie geschaffen. Die übrige belebte Schöpfung soll mit in das Lob einfallen: die wilden und zahmen Tiere, das Gewürm und die Vögel, die Könige, Fürsten und Richter, die jungen Männer und jungen Frauen, die Greise und die Kinder. Weil Jahwes Name allein erhaben ist und seine Hoheit über Erde und Himmel geht, darum ist er der Ruhm seines Volkes. Im Triumphlied seiner Gemeinde freut sich Israel seines Schöpfers, indem es im Reigen tanzt, mit Pauken und Harfen ihm spielt und aufjauchzt und frohlockt (Ps 149).

Bisweilen sind die Psalmen von mythischen Vorstellungen eines Kampfes in der Urzeit bestimmt: die Erde wankt, Berge stürzen in die Tiefe, Wasserwogen tosen und schäumen (Ps 46,3 f).

Du beherrschst die Empörung des Meeres;
wenn seine Wogen toben — du glättest sie.
Rahab hast du durchbohrt und zertreten,
deine Feinde zerstreut mit starkem Arm.
Dein ist der Himmel, dein auch die Erde;
den Erdkreis und was ihn erfüllt hast du gegründet.
Nord und Süd hast du geschaffen,
Tabor und Hermon jauchzen bei deinem Namen. (Ps 89,10—13)

Jahwe hat gegen die vorweltlichen Chaosmächte den Kampf aufgenommen (Ps 65,8), so daß die Schöpfung nicht mehr von den Untergangsmächten des Chaos bedroht ist, sondern der Gott des Heils (Ps 65,6) sie bewacht und darum die Zuversicht aller Welt ist. In Jes 51,9 wird schließlich an Jahwes Kraft, die in den Tagen der Vorzeit sich regte, appelliert und zugleich auf seine Errettungstat am

Schilfmeer verwiesen, so daß Schöpfungs- und Erlösungstat ineinandergesehen werden. In grandioser Weise zeigt sich, daß von Jahwe, der sonst dem Mythos ablehnend gegenübersteht, in mythischer Sprache geredet wird, indem verschiedene Schöpfungsvorstellungen nebeneinander bestehen können.

## Jahwes Herrlichkeit

Die nachexilische Zeit hat in Psalm 8 ein eindrucksvolles Zeugnis zum Bekenntnis der Herrlichkeit Jahwes, des Herrschers Israels und des Herrn alles Geschaffenen, hinterlassen. Weil Jahwe seinen Namen offenbarte, darum gelangt Israel zur Erkenntnis Gottes. Denn hier wie überall, wo vom göttlichen Namen die Rede ist (vgl. Ex 3,14 f), wird der Gottesname unabhängig von seinem Wortsinn als Erfahrungsbegriff empfunden, weil an ihm das Handeln Gottes in der Geschichte und in der Schöpfung abgelesen werden kann. In der späteren Personifizierung des göttlichen Namens liegt der Versuch vor, darzustellen, wie Gott sich seinem Volk erweist, so daß im bloßen Aussprechen des Namens die Heilstaten Gottes seinem Volk gegenüber und das staunenerregende Wirken in der Schöpfung anklingen. Von der Selbstdarstellung des Gottesnamens geht der Psalm (8,2) weiter, um das Geheimnis der menschlichen Existenz zu betrachten (Ps 8,5). Der Mensch ist zu einem Gottwesen gemacht, gekrönt mit Glorie und Glanz, Herr über das göttliche Werk auf Erden (Ps 8,6—9). Gott neigt sich zum Menschen herab und setzt ihn zum Herrscher an seiner Statt ein: dies ist ein Zeugnis für die Größe Gottes und für das Geheimnis des menschlichen Lebens.

In der Herrlichkeit offenbart Jahwe sein Wesen; auf diese Tatsache muß der Mensch im Preis und im Lob antworten. Nicht indem der Mensch sich übermütig gegen Gott erhebt, hat er Macht über die Natur errungen, sondern als Auftrag empfängt er die Herrschaft über die göttliche Schöpfung (Ps 8,7). In allen Aussagen über die Größe und Herrschermacht des Menschen will beachtet werden, daß sie im letzten nur als Auftrag zu verstehen sind, über den es Rechenschaft abzulegen gilt, und daß sie auf den verweisen, dem sie verdankt werden: Gott.

Vielfach scheint der Mensch nur ein Gegenstand zu sein, dem Jahwe seine Herrlichkeit durch die Natur offenbart; denn die Natur selbst bezeugt in ihrem Lobpreis Jahwes Gewichtigkeit und Macht (Ps 19,2) und wird so zur Offenbarungsform Jahwes schlechthin: „Die Himmel rühmen die Herrlichkeit Gottes, vom Werk seiner Hände kündet das Firmament" (Ps 19,2). Der Preis der Himmel gilt der Herrlichkeit Gottes und seinem sich auf der Erde zeigenden Schöpfungswerk. Der Lobgesang der Himmel hat einmal Jahwes Erscheinungsglanz zum Inhalt, zum anderen das Schöpfungswerk Gottes. Was an der Herrlichkeit Jahwes gepriesen wird, ist Gottes Wesen in seiner Zuwendung zur Welt; es ist die äußere Erscheinungsweise der überweltlichen Majestät Jahwes. Von Gott her ausgesagt bedeutet die Herrlichkeit die Wucht seiner Erscheinung, die sich in kosmischen Ereignissen kundtut, wenn der heilige, jenseitige, ganz andere Gott seine Herrlichkeit offenbart, in der Wolke, in Feuer und Rauch, in Gewitter und Donner.

Die Psalmen nehmen vor allem die Vorstellung auf, daß die Herrlichkeit die Seite von Jahwes Wesen ist, die sich den Menschen zu erkennen gibt:

> Seine Gerechtigkeit verkünden die Himmel,
> seine Herrlichkeit schauen alle Völker. (Ps 97,6)

Solche Aussagen stehen in der Nähe der Botschaft Deuterojesajas (vgl. 40,5; 52,10), in der ein Gott verkündet wird, der seine Herrlichkeit allem, was lebt, offenbart.

Das Erscheinen der Herrlichkeit Jahwes bedeutet die Durchsetzung seiner Macht: „Ich, Jahwe, das ist mein Name, und meine Ehre lasse ich keinem anderen, noch meinen Ruhm den Götzen" (Jes 42,8; vgl. 48,11). Die Herrlichkeit ist vor allem nicht mehr etwas, das von Jahwe ausgeht und in der er wirkt, sondern sie zeigt Jahwe; denn Jahwe ist selbst in ihr gegenwärtig, weil immer dem Erscheinen der Herrlichkeit unmittelbar sein Reden folgt. Beim Propheten Ezechiel ist schließlich die Herrlichkeit mehr als eine Eigenschaft Jahwes, sie ist seine persönliche Gegenwärtigkeit im Lichtglanz, der sich ausbreitet über die Erde (Ez 3,23; 8,4) und im Tempel (Ez 9,3; vgl. 10,18 f; 11,23). Das Ausstrahlen der vollen Lichtherrlichkeit

Jahwes wird für die Endzeit verheißen und damit ein Gegenstand religiöser Hoffnung, ein festgeprägtes Stück endzeitlicher Erwartung (Ez 43,3). So wird die Herrlichkeit Zeichen der endgültigen Verwirklichung der Herrschaft Jahwes:

> Gepriesen sei sein herrlicher Name in Ewigkeit!
> Erfüllt werde die ganze Erde von seiner Herrlichkeit! (Ps 72,19)

In der Endzeit wird Jahwe alle Völker und Zungen versammeln, daß sie kommen und seine Herrlichkeit schauen (Jes 66,18). Seine Hoheit wird sich am Himmel zeigen und seine Herrlichkeit auf der Erde (Ps 57,6.12). „Erfüllt wird das Land mit der Kenntnis der Herrlichkeit Jahwes, wie Wasser das Meer überdeckt" (Hab 2,14).

## Jahwes Name

Die Hervorhebung des Namens Jahwes findet sich sehr häufig in den Psalmen, wobei beachtet sein will, daß der Name Gottes dem Menschen kein verfügbarer Gegenstand ist, sondern an den freien geschichtlichen Erweis von Jahwes Selbstoffenbarung gebunden bleibt. Wenn die Hymnen immer wieder den Namen Jahwes rühmen (Ps 29,2), auf den heiligen Namen vertrauen (Ps 33,21), ihn besingen (Ps 66,2.4; 96,2), ihn preisen (Ps 99,3; 100,4; 105,1; 113,2; 145,1; 149,3), dann liegt dieser Aufforderung die Vorstellung zugrunde, daß im Aussprechen des Namens dokumentiert wird, wer Jahwe ist, eben derjenige, der sich aufs innigste mit seinem Volk, das ihn verehrt, verbindet und ihm so ein Höchstmaß an Güte und Gnadenzuwendung gibt. Immer wieder bricht der Hinweis durch, daß der Gottesname ganz unabhängig von seinem Wortsinn als Erfahrungsbegriff empfunden wird; denn der Name Jahwe weist auf die Begegnung von Gott und Mensch und alles, was sich in Abhängigkeit daraus ergibt, einschlußweise zurück. Für den Menschen gilt immer, daß er auf Gott warten muß, denn Jahwe will absolut frei bleiben, um so zu begegnen, wie er es will und wann er es will, in immer neuen Formen, in immer neuen Ereignissen, zu allen Zeiten und an allen Orten. Gott will in die Geschichte der Menschen hineinkommen, so daß er im wahrsten Sinne des Wortes der Kommende ist (vgl. Ex 33,19; 34,6—7). Weil der Gottesname Jahwe durch und durch Bundesname ist, will Gott nicht sein „Wesen“ dokumentieren, sondern sich als absolut freie Person herausstellen, indem er sich entschließt, den Menschen — zuerst seinem Volk Israel — sein Antlitz zuzuwenden und sich ihnen in einem personalen Verhältnis, eben dem des Bundes, zu verbinden. Weil Jahwe sich als der Nahe, der Helfende, der Bundeswillige und der Rettende und allzeit Gegenwärtige erweist, darum kann die israelitische Gottesvorstellung ganz unbefangen und in konkreten Bildern von Gott sprechen, ohne der Gefahr zu erliegen, Jahwes Größe zu verkleinern. Er ist und bleibt der erhabene, der weltüberlegene, der souveräne Gott, der unbedingtes Vertrauen und bedingungslosen Gehorsam verlangt, der durch sein Bundesgesetz seine Ansprüche anmeldet und seine Forderungen erhebt. Im Gottesnamen Jahwe liegt der Versuch vor, darzustellen, wie Gott sich seinem Volk erweist; gepriesen werden im bloßen Aussprechen des Namens die Heilstaten Gottes seinem Volk gegenüber; sie sind Ausdruck seiner Treue und Beständigkeit, aber auch seiner Zukunftsmächtigkeit.

„Dein Name wird bleiben in Ewigkeit“ (Ps 135,13). Hier tritt der Name als Wechselbegriff an die Stelle der Person und wird zum Inbegriff der Gegenwart und Macht Gottes. Wenngleich Jahwe der Hohe und Erhabene ist, der in der Höhe thront und dessen Name „der Heilige“ ist, beugt er sich doch zu den Demütigen und ist bei den Zerschlagenen zu finden, weil sein Geist die Gebeugten aufrichtet und die Verwundeten heilt (Ps 113,5—8; 145,8—14; vgl. Jes 57,15). Jahwes Hinschauen auf die Menschen wird zur hilfreichen Tat.

## 2. Die Jahwe-Königs-Hymnen

Innerhalb der Gattung der hymnischen Psalmen nehmen die Jahwe-Königs-Hymnen eine Sonderstellung ein, die durch die Huldigungsformel „Jahwe ist König“ (Ps 47,8.9; 93,1; 96,10; 97,1; 98,6; 99,1) gekennzeichnet sind. Die Jahwe-Königs-Hymnen lassen, wie fast alle Hymnen, als „Sitz im Leben“ das Gotteslob, bei einer festlichen Gelegenheit im Heiligtum angestimmt, erkennen. Vieles spricht dafür, daß Einzugsliturgie und anbetendes Niederfallen vor dem Gottkönig in den Kult des Laubhüttenfestes gehören. „Und alle die Übriggebliebenen aus all den Völkern, die gegen Jerusalem zogen, werden Jahr für Jahr hinaufgehen, um den König, Jahwe Zebaot, anzubeten und das Laubhüttenfest zu feiern“ (Sach 14,16). Die Aufrufe zum Spielen und Singen richten sich wohl an die Tempelchöre, die die weltgeschichtlichen Tatsachen der Königsherrschaft Jahwes herausstellen.

Über den Huldigungsruf „Jahwe ist König“ gab es lange Zeit gegensätzliche Ansichten, da dieser Ausruf als Thronbesteigungsruf: „Jahwe ist König geworden“ galt, so daß von diesem Sachverhalt aus auf ein Thronbesteigungsfest Jahwes geschlossen wurde, indem der Satz „Jahwe malak“ (= „Jahwe ist König“ oder „Jahwe ist König geworden“) in Parallele zum sogenannten Königsruf bei irdischen Herrschern stand. „Absalom aber sandte geheime Boten bei allen Stämmen Israels umher und ließ sagen: Wenn ihr den Klang der Posaune hört, dann sollt ihr ausrufen: Absalom ist König geworden in Hebron“ (2 Sam 15,10; vgl. 2 Kön 9,13). Dies würde dem Satz in Ps 96,10 entsprechen: „Kündet den Heiden: Jahwe ist König geworden!“. Zur Jahreswende hätte Jahwe neu seinen Thron bestiegen und wäre als König und Schöpfer gefeiert worden, so daß von hier aus im Hinblick auf das Thronbesteigungsfest des babylonischen Gottes Marduk an ein Thronbestreigungsfest Jahwes gedacht wurde. Dem Thronbesteigungsruf „Jahwe ist König geworden“ entspräche der babylonische Ruf „Marduk ist König geworden“. Wenn

auch eine ausdrückliche Erwähnung der Feier eines Thronbesteigungsfestes am Neujahrstag im Alten Testament fehle, so weise der Gebrauch des Psalm 47 am Neujahrstag darauf hin, daß die Überlieferung der jüdischen Rabbiner noch um das hoffnungsvolle Ausschauen in die Zukunft am Beginn eines neuen Jahres gewußt habe und deshalb Jahwe als König und Schöpfer feiere.
Dem ist allerdings entgegenzuhalten, daß die Wortstellung „Jahwe malak“ auf einen Zustandssatz hinweist, in dem das mehrdeutige „malak“ in der Bedeutung „König sein“ fungiert. Wer für ein Thronbesteigungsfest Jahwes plädiert, der muß konsequenterweise ein sich immer wiederholendes Sterben und Auferstehen Jahwes annehmen, denn nur unter der Voraussetzung, daß Jahwe seine Herrschaft eine Zeitlang verliert, wird der Ruf „Jahwe ist König geworden“ verständlich, weil er damit erneut in seine Herrschaft eingesetzt würde. Gegen die Feier eines Thronbesteigungsfestes Jahwes wird als weiteres Argument das Fehlen eines Bildes für Jahwe angeführt, das somit auch nicht auf den Thron erhoben werden konnte. Ebenso läßt sich kein theologischer Zusammenhang aufweisen, in dem eine Thronbesteigung Jahwes stehen könnte. Vielmehr betonen die Jahwe-Königs-Hymnen die unveränderliche, allen Mächten der Götter überlegene und überdauernde Herrschaft Jahwes, sein beständiges Königtum. Was als Thronbesteigungsfest Jahwes zu deuten versucht wurde, muß wohl als die kultische Einführung der Lade in den Tempel hingestellt werden (vgl. 2 Sam 6; 1 Kön 8; Ps 132). Jahwe, der unsichtbar über der Lade gegenwärtig gedacht wird, zieht mit der Lade in den Tempel ein, wobei in diese Liturgie Traditionen des alten Jebusiterheiligtums in die Lade-Thron-Vorstellung eingeflossen sind (die Jebusiter waren die Bewohner Jerusalems vor der Eroberung durch David). Die Einzugsfeier (vgl. Ps 24,7—10; 68,25), am ersten Tag des Laubhüttenfestes begangen, ist die Feier zur Erwählung Jerusalems und zur Erwählung Davids. Höhepunkt ist die Proskynese, das Niederfallen vor Jahwe, dem König, nachdem die Kultgemeinde das Heiligtum betreten hat (vgl. Ps 95,6; 100,4).

Kommt, laßt uns niederfallen, uns vor ihm verneigen,
laßt uns niederknien vor dem Herrn, unserm Schöpfer.

(Ps 95,6)

Bei dieser Gelegenheit werden die Hymnen auf Jahwe, den Schöpfer der Welt und den Herrscher über alle Götter, gesungen.

> Der Herr ist König: Es zittern die Völker.
> Er thront auf den Kerubim: Es wankt die Erde.
> Rühmt den Herrn, unsern Gott;
> werft euch am Schemel seiner Füße nieder!
> Denn er ist heilig. (Ps 99,1.5)

Die Zeremonie des Aufstiegs Jahwes zu seinem Thron, im Hinauftragen der Lade vergegenwärtigt und am Laubhüttenfest gefeiert, nimmt uralte Züge des Königtums Jahwes auf. Jahwe steht als der Sieger über alle Völker da, denn das Auszugsgeschehen, die Errettung aus Ägypten, der sich anschließende Wüstenzug und die Inbesitznahme des Landes Kanaan erweisen Jahwe als Sieger schlechthin. In der Vorstellung von Gott, der seinem Volk Weggeleit gibt, der als Kriegsherr und Helfer auftritt, der für die Seinen sorgt und sie beschützt, wird auf das gnadenhaft geschichtliche Handeln Jahwes in der Frühzeit Israels verwiesen, da das Volk ihn erfuhr als den königlich Führenden und Herrschenden. Die Aussage von Jahwes Herrschaftsanspruch nicht nur über Israel, sondern über alle Völker der ganzen Erde, erwächst aus der Erfahrung mit dem souveränen Gott, der sich als solcher geschichtsmächtig erwiesen und dokumentiert hat. Jahwes königliches Führen und Herrschen folgt aus seiner absoluten Macht, die sich in der Leitung Israels zeigt, so daß die Bezeichnung Jahwes als König schlechthin eine Weiterentwicklung dieser Aussagen darstellt. Schließlich wird von einer allumfassenden Herrschaft gesprochen; denn Jahwe gehört alles (Ps 22,29; 47,3; 103,19; vgl. Mal 1,14). Er hat ein weltweites Herrschaftsgebiet zu eigen; aber es fehlt nicht der Blick in die Geschichte Israels, in die hinein Jahwe seine Wunderzeichen setzte: „Völker unterjochte er uns, Nationen legte er uns unter die Füße. Er wählte uns als sein Eigentum aus, Jakobs Stolz, den er liebt“ (Ps 47,4 f). Jahwe ist also Jakobs König (Jes 41,21) und Israels König (Jes 44,6; vgl. Jes 43,15; 52,7). Jahwes Königtum wird zeitlich unbegrenzt sein (Ps 10,16; 29,10; 145,13; 146,10), allerdings wird die volle Verwirklichung seiner Königsherrschaft erst für die Endzeit erwartet (Jes 24,23; Mich

4,7; Sach 14,9 f). Diese Erwartung wird stark belebt durch die Enttäuschung am realen Königtum Israels und Judas (Dtn 17,14—20; Jer 22,13 f); überdies ist das Verschwinden des Jerusalemer Königtums durch das Exil ein Ärgernis für das Volk. Die Propheten finden hierfür eine Erklärung: „Gottes Hand liegt schwer auf dem Volk" (Ez 20,33.37). Andererseits verkünden sie die Königsherrschaft Gottes als gute Botschaft vom endgültigen Heil (Jes 52,7—10), dem weltweiter Charakter eignet (Jes 51,5; Ps 5,3; 10,16; 24,7; 29,10). Gerade die Königsherrschaft Gottes (Jes 24,23; 33,17—22; Sach 14,9) ist eine Aussage, die im wesentlichen gespeist wird von der Prophetie des anonymen Propheten, dessen Worte sich im zweiten Teil des Jesajabuches finden, in dem er eine Skizze der zukünftigen Zeit gibt (Jes 43,15; 52,7). So wird gerade Jahwe als der König Israels bezeichnet, weil man für die Gegenwart und auch für die Zukunft seine starke Hilfe und machtvolle Errettung erwartet (vgl. Jer 46,18; 48,15; Ps 24,7).

Dies leitet über zu den Aussagen von der weltweiten Herrschaft Jahwes (Jes 41,21; 44,6; Ps 22,29; 47,3.8). Diese Aussagen sind nie im Sinne einer unveränderlichen Eigenschaft gemeint, sondern sind immer dynamisch zu verstehen; denn die Königsherrschaft Jahwes beinhaltet gnadenhafte Tat und allmächtiges Eingreifen. Was Jahwe zum König macht, ist seine Geschichtsmächtigkeit. Jahwe gestaltet das Leben seines Volkes und der Völker. Seine Souveränität beweist sich in Kriegen wie in Niederlagen; denn er, der alles geschaffen hat, wird auch die Neuschöpfung ins Werk setzen können (Ps 97; Hag 2,6). Vielleicht steht die Bezeichnung Jahwes als König mit der Lade in Verbindung, weil die Lade als Thronsitz Jahwes gedacht wird, um seine Gegenwart im Heiligtum und im Volk zu dokumentieren, so daß die Vorstellung vom Thronen Jahwes über der Lade zur Beilegung des Königstitels geführt hat.

Wenn die Jahwe-Königs-Hymnen das unveränderliche Königsein Jahwes betonen, weil er von Ewigkeit her Gott ist (Ps 93,2), dann wird sein ewiges Königtum Unterpfand für den Bestand der Welt. In unnahbarer und weltüberlegener Machtfülle thront Jahwe über den Chaosmächten in der Höhe (Ps 93,4). So ist es nicht verwunderlich, daß die Jahwe-Königs-Hymnen weitgehend von endzeitlichen Motiven bestimmt sind, indem sie Elemente aus der Darstellung der Erscheinung Gottes aufgreifen, um das endzeitliche Ereignis des Kommens Jahwes zu schildern, wobei die Schöpfung insgesamt in das Lob einstimmt.

> Der Himmel freue sich, die Erde frohlocke,
> es brause das Meer und alles, was es erfüllt!
> Es jauchze die Flur und was auf ihr wächst!
> Jubeln sollen alle Bäume des Waldes
> vor dem Herrn, wenn er kommt,
> wenn er kommt, um die Erde zu richten.
> Er richtet den Erdkreis gerecht
> und die Nationen nach seiner Treue.
>
> (Ps 96,11—13; vgl. Jes 44,23)

Wie die Erscheinung über Israel hinaus alle Welt betrifft (vgl. Ps 97,1), so wird Israel beauftragt, Jahwes Namen, sein Heil, seine Herrlichkeit und seine Wunder allen Völkern zu künden (Ps 96,2 f). Israels Geschick wird als eine sich zur Rettung durch Jahwe wandelnde Geschichte dargestellt: „Wie lieblich sind auf den Bergen die Füße des Freudenboten, der den Frieden verkündet, der frohe Kunde bringt, das Heil ansagt und zu Zion spricht: Dein Gott ist König! Horch, deine Wächter erheben ihre Stimmen und jauchzen, denn sie sehen Auge in Auge Jahwe zurückkehren nach Zion. Brecht in Jubel aus und frohlockt, all ihr Trümmer Jerusalems, denn Jahwe tröstet sein Volk, erlöst Jerusalem! Jahwe hat seinen heiligen Arm vor den Augen aller Völker enthüllt, und alle Enden der Erde schauen das Heil unseres Gottes“ (Jes 52,7—10). Jahwes allgegenwärtige Königsherrschaft, selbst im Exilsland wirksam, wird jubelnd gepriesen, weil er tröstet und erlöst, weil er heimführt und errettet, denn im Erheben seines Armes löst er die gegebenen Verheißungen ein, damit die Endgültigkeit der göttlichen Heilstat aller Welt sichtbar wird. Das Rühmen und Verkünden der Herrlichkeit Jahwes soll auch späteren Generationen die Gewißheit vermitteln, daß Jahwe der große Gott ist, der allen Göttern überlegen ist und vor dem sie Nichtse sind (Ps 96,5); denn Jahwe allein ist Schöpfer Himmels und der Erde (Ps 93,1), und deshalb steht ihm das weltweite Richteramt zu.

*Psalm 47*

Dieser Jahwe-Königs-Hymnus ist ein Kultlied für eine Siegesfeier. Im Rückverweis (V. 4.5) besingt es Jahwes Machttaten in der Vergangenheit, und ein Ausblick in die Zukunft (V. 10) läßt einen weltweiten Akzent sichtbar werden.

*Psalm 93*

Er überliefert altertümliche Vorstellungen, die in einem Fest vom Königtum Jahwes in Jerusalem verankert sind und zugleich Jahwes Größe auf dem Hintergrund des Schöpfungsgeschehens besingen.

*Psalm 96*

Ein Hymnus auf Jahwes Größe, der mit dem Einzug der Lade unter David (1 Chr 16,23 ff) in Verbindung gebracht wird. Die kultische Feier, für die der Psalm gedichtet ist, spannt den Bogen durch die Vergegenwärtigung der Vergangenheit hinein in die Zukunft, da Jahwe als der König der Endzeit verherrlicht wird.

*Psalm 97*

In ihm wird das Königtum Jahwes in seiner weltweiten Ausdehnung besungen, so daß der Psalm endzeitlich zu verstehen ist.

*Psalm 98*

In einem Rückblick werden Jahwes Wundertaten gepriesen und in einem Ausblick das Kommen des Gottkönigs. Der Psalm weist viele Anklänge an die Verkündigung Deuterojesajas auf (zu V. 1 vgl. Jes 42,10; 52,10; zu V. 3 vgl. Jes 40,5; 52,10; zu V. 4 vgl. Jes 52,9; zu V. 5 vgl. Jes 51,3; zu V. 7 vgl. Jes 55,12), so daß von hierher der Psalm endzeitlich bestimmt ist.

*Psalm 99*
Es geht um das Niederfallen vor Jahwe, dem König (vgl. Ps 96,9). Der Psalm dürfte wegen des Rufes „er ist heilig" von der Berufungsvision des Propheten Jesaja (Jes 6,1—13) beeinflußt sein.

## Gottes Königsherrschaft

In Psalm 47 weitet sich der Horizont der feiernden und betenden Gemeinde, indem sie die Geschichte überschreitet und auf die Vollendung der Heilsgeschichte ausschaut, so daß die gegenwärtigen Beter die Zukunft gleichsam schon vorwegnehmen. Der Gedanke der endgültigen und ewigen Gottesherrschaft erwächst als Konsequenz aus dem Glauben an den Gott der Geschichte, der die zeichenhafte Erwählung seines Volkes Israel in die Erwählung der Menschheit insgesamt einmünden läßt, so daß dann die Geschichte an ihr Ziel gelangt ist. Indem Jahwe, der Gott Israels, im bekennenden Jubelgesang gelobt und gepriesen wird, anerkennt der Beter die Andersartigkeit, die Herrlichkeit und die furchtgebietende Macht Gottes, er beugt sich vor Jahwes Herrsein. Diese Anerkenntnis Jahwes als des weltüberlegenen und weltbeherrschenden Gottes gründet in der Erfahrung, daß Jahwe der Gott ist, der da war und da ist und der auch kommen wird, wobei der Psalm auf die neutestamentliche Vorstellung der allumfassenden Gottesherrschaft verweist, da Gott alles in allem sein wird.
Für Gottes Aufstieg (Ps 47,6), der in Ps 68,18—21 noch stärker besungen wird, muß als Hintergrund wohl das Sinaigeschehen (Ex 19,16) gedacht werden, denn in den Elementen der Gotteserscheinung dokumentiert sich Jahwes Souveränität nicht nur über Israel, sondern über den Kosmos schlechthin, weil Feuer und Blitz, Donner und Beben Zeichen seines Kommens und seiner Gegenwart sind.
Die Jahwe-Königs-Hymnen sind getragen von der Hoffnung auf das Kommen des Gottesreiches, in dem Vergangenheit, Gegenwart und Zukunft aufgehoben sind. So erschließt sich in den Worten des Psalmes 93 die Schöpfungsmacht Jahwes und seine welterhaltende Kraft. Jahwe ist der Gott von Ewigkeit her (Ps 93,2), und er garantiert damit Dauer und Bestand der Erde, wodurch das Tosen

der Fluten und das Brausen der Wasser ihren Schrecken verlieren, denn alles überragend ist Jahwes Herrlichkeit.

An die zum Fest, vielleicht Bundesfeier am Laubhüttenfest, versammelte Gemeinde ergeht die Aufforderung, Jahwe ein Lied zu singen, seinen Namen zu preisen, sein Heil zu künden und seine Hoheit zu erzählen, denn in der Schöpfung liegt die grundlegende Heilstat Jahwes, und dadurch hat er seine Überlegenheit über die Götter gezeigt und sie zu Nichtsen erniedrigt. Die geschaffene Schöpfung, der Himmel, die Erde, das Meer, das Feld und die Bäume sollen dem Weltherrn Anbetung zollen und in Freude und Jubel ausbrechen. Aber auch das andere wird sichtbar: Gottes Kommen ist ein Kommen zum Gericht, denn er will seine Gerechtigkeit bringen, und zwar indem er sie von den Menschen fordert und somit seine Ordnung wiederherstellt.

Der Jubel über die anbrechende Gottesherrschaft erfaßt die ganze Welt; denn was ein kleines Volk in seinem Kult feiert, Jahwes Königtum, ist ein Ereignis, das über Israel alle Völker erfaßt. Die Natur, das Gewölk und das Dunkel, das Feuer und die Blitze, das Beben und das Zittern sind Mittel, um die gewaltige und auch furchterregende Macht Jahwes anzuzeigen, die in seiner Gerechtigkeit eingeborgen ist.

„Zum Schall der Trompeten und Hörner jauchzt vor dem Herrn, dem König!" (Ps 98,6) dürfte als Niederschlag einer gottesdienstlichen Feier, in der der neue Exodus besungen wird, zu verstehen sein. Die Machttat der Errettung aus Ägypten wird in einem endzeitlichen Lied besungen (vgl. Jes 42,10), weil mit dem Kommen Jahwes das Neuwerden der Schöpfung verbunden ist. Die vorwärtsdrängende Kraft, der in die Zukunft gerichtete Blick, erwachsen aus dem Glauben an Jahwes immerwährende Kraft, die mächtig ist, die Taten der Vergangenheit auch für Gegenwart und Zukunft zu setzen, so daß in das Heil, das Israel geschenkt ist, alle Völker eingeschlossen werden. Jahwes gegenwärtiges und zukünftiges Heilshandeln ist das Einlösen des in der Vergangenheit gegebenen Verheißungswortes, herkommend aus der Bundeszusage. Den endzeitlichen Gaben von Heil und Gerechtigkeit entspricht die Aufforderung zum Lob, da angesichts solcher Geschenke der Jubel, das Jauchzen und Singen die gemäßen Antworten sind; denn Jahwe tritt für alle

Zeiten und über die Schöpfung insgesamt seine Herrschaft an. Das Schöpfungslob der personifiziert gedachten Natur gilt dem endzeitlichen Kommen Jahwes als König (vgl. Jes 40,10; 59,19 f; 60,1; 62,11). Mit dem göttlichen Kommen wird die endgültige Herrschaft aufgerichtet, weil die ganze geschaffene Welt durch Jahwes Gerechtigkeit regiert wird.

Auch im letzten Jahwe-Königs-Hymnus wird zu Beginn der Huldigungsruf „Jahwe ist König" aufgenommen und sogleich Gottes Heiligkeit betont, denn Jahwe ist ein König, der das Recht schätzt und seine Rechtsordnungen kundgetan hat (Ps 99,4.7). Traditionelle Vorstellungen aus dem Sinaigeschehen, das Beben der Erde, die Wolkensäule und das Erzittern der Völker dokumentieren die furchtgebietende Macht des Kommens Jahwes, das immer ein Kommen ist, um seine Herrlichkeit, die aufgedeckte Heiligkeit, zu offenbaren. Wenn auch Jahwe zum Gericht erscheint, dann ist sein Urteil ein Richten nach Gnade, wie es in Israels Geschichte deutlich wird, da er immer ein vergebender Gott war und ist und auch sein wird. Indem die Überlieferung das Heilswalten Jahwes in der Vergangenheit bewahrt und in der Verkündigung vergegenwärtigt, wird die Hoffnung auf die Zukunft, auf den Anbruch der Gottesherrschaft entbunden. Der Größe und der Macht Jahwes, seiner Heiligkeit und Herrlichkeit kann nur mit dem Kniefall geantwortet werden (Ps 99,5.9; vgl. Ps 95,6; 96,9). Dies wird auch in der Vorstellung vom Thronen Jahwes auf den Kerubim (Ps 99,1) zum Ausdruck gebracht, indem die Kerubim, vielleicht die Personifikation der Gewitterwolken, zu schützenden Wächtern seiner Heiligkeit werden (Ps 29,10); zeichenhaft vergegenwärtigt findet dieser Glaube seine Verdichtung in der Ladetradition, dem Thronsitz Jahwes (Jer 3,16 f), aufgestellt im Heiligtum auf dem Zion. Durch die Lade wohnt Jahwe inmitten seines Volkes und der Zion ist durch sie als die von Jahwe erwählte Stätte ausgezeichnet (vgl. Ps 132,7; 1 Chr 28,7).

Irdischer Tempel und himmlisches Heiligtum, menschliche Wirklichkeit und göttlicher Bereich gehen ineinander über, da Jahwe als der Bundesgott erscheint, um die gegebenen Zusagen einzulösen. Israel kann ob des Heilswaltens Jahwes nicht stumm bleiben, denn es ist zum Gespräch mit seinem Gott berufen; völkische Grenzen werden aufgesprengt und kosmisch-weltweite Züge herausgestellt, denn es gilt Jahwes Erscheinen vor der Welt zu feiern.

## *Außerbiblische Parallelen*

### *Zu Psalm 47*

Es zieht aus der Herr von Babel, die Länder knieen vor ihm;
Seite an Seite der Ischtar von Babel
ziehn ihre Diener mit Flötenspiel hinauf,
zieht ganz Babel hinauf in Jauchzen.[1]
Gelobt seist du, Osiris, Sohn des Nut,
der du Hörner trägst und an einem hohen Pfeiler lehnst.
Dem die Krone gegeben wurde
und die Freude vor den neuen Göttern,
dessen Macht Atum geschaffen hat
in den Herzen der Menschen, der Götter und der Verklärten.
Dem die Herrschaft gegeben wurde in Heliopolis;
groß an Wesen in Busiris,
gefürchtet in den beiden heiligen Stätten.
Groß an Kraft in Roseta,
ein Herr der Macht in Ehnas,
ein Herr der Kraft in Tenent.
Sehr geliebt auf der Erde,
mit gutem Andenken im Gottespalaste.
Vor dem die großen Mächtigen sich fürchten;
vor dem die Großen aufstanden auf ihren Matten.
Für den Schu die Furcht erregt hat,
und dessen Macht Tefnet erschaffen hat.
Zu dem Oberägypten und Unterägypten sich verneigend kommen,
weil seine Furcht so groß ist und seine Macht so gewaltig ist.[2]
Schamasch hocherhabener Herr,
wenn du in Ebarra, der Wohnung, in der du Ruhe findest,

[1] *H. Zimmern,* Babylonisches Neujahrsfest (Der Alte Orient 25) 1926, 18.

[2] *A. Erman,* Ägyptische Religion, 61; zitiert bei *H. J. Kraus,* Psalmen (Biblischer Kommentar XV/I) Neukirchen ²1961, XLV.

Einzug hältst, mögen die Tore, Eingänge, Kulträume und Postamente
sich vor dir freuen, wie „Blumen“ dir zujauchzen!
Wenn du in deiner herrschaftlichen Zella auf dem Sitz deines Richtertums Platz nimmst,
mögen die Götter deiner Stadt und deines Tempels
dein Gemüt besänftigen,
die großen Götter dein Herz erfreuen![3]

*Zu Psalm 96*

Die Götter stehen gebeugt vor deiner Majestät
und verherrlichen den Ruhm des, der sie schuf,
jauchzend beim Nahen ihres Erzeugers.
Sie sprechen zu dir:
Wie kommst du doch in Frieden,
Vater der Väter aller Götter,
der den Himmel hochhob und den Erdboden abdrängte,
der machte, was ist,
und schuf, was besteht,
König und Oberhaupt der Götter!
Wir preisen deinen Ruhm, da du uns schufst,
Verehrung dir, da du uns bildetest,
wir singen dir Hymnen, da du dich um uns abmühst.[4]

*Zu Psalm 97*

Gewaltig großer Herrscher der Götter, der alles weiß,
hochangesehener, über alle erhöhter Ellil der Götter,
der die Geschicke bestimmt;
Anschar, gewaltig großer Herr, der alles weiß,
hochangesehener, über alle erhöhter Ellil der Götter,

[3] *A. Falkenstein/W. v. Soden,* Sumerische und akkadische Hymnen und Gebete, Zürich 1953, 288.

[4] Aus einem Amonshymnenbuch der Zeit vor Amenophis III., Kairo: Pap. Bulak. Nr. 17; Religionsgeschichtliches Lesebuch, hrsg. v. *A. Bertholet,* Heft 10, 5 f.

der die Geschicke bestimmt!
(Hoch) erheben (will ich) den großmächtigen Anschar,
den Herrscher der Götter, den Herrn der Länder,
(will) seine Großtaten (verherrlichen),
seinen Ruhm immer wieder preisen!
Anschars Benennung will ich verherrlichen,
hoch erheben seinen Namen;
den Ruhm dessen, (der) in Echursanggalkurkurra wohnt,
will ich immer wieder preisen.[5]

[5] *A. Falkenstein/W. v. Soden,* a. a. O. 254.

## 3. Die Königspsalmen

Zu den Königspsalmen dürfen nur solche Lieder gerechnet werden, die ihre innere Einheit dadurch erhalten, daß sie von Königen handeln. Ihren „Sitz im Leben" haben diese Lieder wohl in der Thronbesteigung der jebusitischen Stadtkönige von Jerusalem, die auf die Regenten aus der Davidsdynastie übertragen wurde. Bezeichnend für viele Königspsalmen ist die Vorstellung von der Weltherrschaft der judäischen Könige (Ps 2,8; 18,44—48; 72,8—11; 89,26), die einmal auf dem Hintergrund zu verstehen ist, daß David König über ein Reich war, das eine führende Rolle in der Geschichte der Großreichbildungen des alten Orient spielte und so zum Vorbild für die späteren judäischen Könige werden konnte; zum andern werden die Vorstellungen vom Großreich zum Weltreich ausgeweitet, was durch die altorientalische Königsideologie beeinflußt scheint. „Der Großkönig steht im Zentrum eines universalen Weltgrundes. Dieser universale Aspekt aber entsteht in der altorientalischen Königsideologie an dem Schnittpunkt von mythischer Kosmologie und sakraler Inthronisation." [1] Weil der Regent „göttlicher König" ist, darum ist er auch Weltenherr. Schließlich ist der Jerusalemer Herrscher der von Jahwe erwählte König, dessen Weltherrschaft von Jahwe her als dem Schöpfer und Herrn der Welt zu verstehen ist.

Dein ist der Himmel, dein auch die Erde;
den Erdkreis und was ihn erfüllt, hast du gegründet.
Nord und Süd hast du geschaffen,
Tabor und Hermon jauchzen bei deinem Namen.
Dein Arm ist voll Kraft,
deine Hand ist stark, deine Rechte hoch erhoben. (Ps 89,12—14)

[1] *H. J. Kraus,* Psalmen (Biblischer Kommentar XV/I) Neukirchen ²1961, 15.

In der Aufzählung der Hauptelemente der Formensprache ist an erster Stelle das Orakel zu nennen, der Zuspruch an den Regenten (Ps 2,7 ff; 21,9—13; 110,1.3.4; 132,11 f).

> So spricht der Herr zu meinem Herrn:
> Setze dich mir zur Rechten,
> und ich lege dir deine Feinde als Schemel unter die Füße.
> Dein ist die Herrschaft am Tag deiner Macht,
> (wenn du erscheinst) in heiligem Schmuck,
> ich habe dich gezeugt noch vor dem Morgenstern
> wie den Tau in der Frühe.
> Der Herr hat geschworen, und nie wird's ihn reuen:
> „Du bist Priester auf ewig nach der Ordnung Melchisedeks".
> (Ps 110,1.3.4)

Das Ermächtigungswort in der Form der Ich-Rede Jahwes wird offenbar von einem Propheten übermittelt und erweist sich so als das schöpferische, göttliche Wort, das eine neue Seinsweise des Regenten begründet. Die Erwählung des Königs bedeutet eine göttliche Willensentscheidung, durch die der König zum Sohn Gottes erklärt wird.

> Den Beschluß des Herrn will ich kundtun.
> Er sprach zu mir: „Mein Sohn bist du.
> Heute habe ich dich gezeugt.
> Fordere von mir, und ich gebe dir die Völker zum Erbe,
> die Enden der Erde zum Eigentum.
> Du wirst sie zerschlagen mit eiserner Keule,
> wie Krüge aus Ton sie zertrümmern". (Ps 2,7—9)

An zweiter Stelle ist die Fürbitte für den König zu nennen, die vom Priester und vom Propheten vor Jahwe getragen wird (Ps 20,2—6; 72,1; 132,1.10).

> Der Herr erhöre dich am Tage der Not,
> der Name von Jakobs Gott möge dich schützen.
> Er sende dir Hilfe vom Heiligtum
> und stehe dir bei vom Zion her. (Ps 20,2—3)

Auch die Formelemente der Klage über den Niedergang des Königtums trotz der Macht Jahwes und seiner Verheißung an David (Ps 89,39—46) und des Dankes für kriegerische Erfolge, die auf die mächtige Hilfe Gottes zurückzuführen sind, bestimmen die Königspsalmen (Ps 18; 20,7; 21,2; 144,1—11).

*Psalm 2*

Der auf dem Zion herrschende König ist der Sänger des Liedes (V. 1 bis 3), der gelassen dem Aufstand rebellierender Könige und Machthaber entgegensieht, weil er um die Überlegenheit Jahwes weiß. Jahwe steht seinem Erwählten hilfreich zur Seite, weil er ihn zum Sohn eingesetzt hat.

*Psalm 18*

Ein Danklied des Königs nach einer siegreichen Schlacht, geprägt von hymnischen Elementen. Vom konkreten, geschichtlichen Ereignis des Sieges eines Königs löste sich das Lied, wurde Formular eines Siegesliedes und ging schließlich in den Bereich der Gemeinde über, so daß es für den Beter Ausdruck tiefer, aufrichtiger Frömmigkeit wird.

*Psalm 20*

Bitte und Dank für den König verbinden sich in diesem Gebet, das vielleicht anläßlich der Thronbesteigung des Königs gesprochen wurde.

*Psalm 21*

Anläßlich einer liturgischen Feier, in deren Mittelpunkt der König (vielleicht das Gedächtnis seiner Krönung oder die Feier eines Sieges oder der Gottesdienst vor dem Auszug in den Krieg) steht, wird der in Jahwe siegreiche König gepriesen.

*Psalm 45*

Huldigung an den König, der eine ausländische Frau (1 Kön 3,1; 1 Kön 16,31; 2 Kön 8,16) heimführt, wobei an ein konkretes Ereignis als Hintergrund zu denken ist. Messianische Züge an der Gestalt des Königs halten Glaube und Hoffnung in der gegenwärtigen Gemeinde wach.

*Psalm 72*

Hier liegt eine Fürbitte für den König vor, die sich in Wünschen ergeht. Offensichtlich hat ein Lied auf den König das Schema für eine messianische Sicht gegeben, so daß zeitgeschichtliche und messianische Züge ineinander übergehen.

*Psalm 89*

Elemente des Hymnus (V. 6—19), des Gottesorakels (V. 20—38) und der Klage (V. 39—52) sind hier vereinigt. Das Lied dürfte auf dem Hintergrund der späten Königszeit, in der sich Verfallserscheinungen bemerkbar machen, gedichtet sein.

*Psalm 101*

Dieser Psalm stellt eine in die Zukunft gerichtete Loyalitätserklärung des Königs dar. Der Jerusalemer König wird durch seine Erwählung gleichzeitig zum Richter in Israel bestellt (Ps 72,2; 122,5); daher legt er in Form eines Gelöbnisses seine Grundsätze dar.

*Psalm 110*

Hier spricht ein beamteter Prophet den König an und äußert Orakel, Wünsche und Situationsschilderungen wohl anläßlich der feierlichen Thronbesteigung. Auf die uralten Vorrechte des Jerusalemer Königtums, herrührend aus der Melchisedektradition (Gen 14,18 f), wird angespielt. Zudem bringt das Lied messianische Vorstellungen eines neuen David, der ein Völkergericht hält (vgl. Ez 34,23 f), mit ein.

*Psalm 132*

Ein Gebet für den König (V. 1—10), dem sich ein Schwur (V. 11 f) und eine Erwählungserklärung (V. 14—18) anschließen. Indem er Psalm das Ereignis der Übertragung der Lade nach Jerusalem vergegenwärtigt, hält er die Vorstellung von Jerusalem als dem Zentralheiligtum des Zwölfstämmeverbandes wach. Das Lied könnte auf ein Fest der Erwählung des Zion deuten (vgl. 1 Kön 8,2), einem „königlichen Zionsfest“ [2], so daß der Psalm auch zu den Zionsliedern gerechnet werden muß (vgl. Seite 45).

*Psalm 144*

Hier liegt ein Bittgebet des Königs vor, in dem er um ein Sich-Herabneigen der gesamten himmlischen Welt betet, wobei Themen des Psalms 19 mitverarbeitet werden.

## Die Königsvorstellung und der Ritus der Thronbesteigung

Der Institution des Königtums muß in Israel nicht nur politische, sondern auch religiöse Bedeutung zugemessen werden, denn die Thronfolge setzt eine göttliche Erwählung voraus. So steht hinter dem Jerusalemer König immer Jahwe als der gebietende Herr, denn er selbst hat seinen König geweiht auf dem Zion (Ps 2,6); darum vermögen die feindlichen Fürsten und Könige nichts gegen den Gesalbten des Herrn (Ps 2,4). Jahwe steht zu seinem König.

In 1 Kön 1,32—48 wird die Thronbesteigung Salomos und in 2 Kön 11,12—20 die des Joasch überliefert, die sich trotz ihres zeitlichen Abstandes von rund 150 Jahren im Ablauf gleichen.

Die Thronbesteigung verläuft in zwei Handlungen, deren erste im Heiligtum und deren zweite im Königspalast vollzogen wird. Salomo wird in feierlichem Zug zur Gichonquelle geführt, wo sich die Lade befindet (1 Kön 1,39), und dort durch den Priester Zadok und den Propheten Natan zum König über Israel gesalbt. Das Volk, das

[2] *H. J. Kraus,* Psalmen (Biblischer Kommentar XV/II) Neukirchen [2]1961, 882.

der Zeremonie beiwohnt, bricht in den Huldigungsruf aus: „Es lebe der König Salomo!“ Dazu wird in die Posaune gestoßen, und es formiert sich ein jubelnder Zug zum Königspalast (1 Kön 1,40). Die Salbung bei der Königskrönung zeigt das Herabkommen des Geistes Gottes an (vgl. 1 Sam 10,10) und vermittelt die Standesgnade. Von David heißt es: „Da nahm Samuel das Ölhorn und salbte ihn unter seinen Brüdern. Der Geist Jahwes aber kam über David von jenem Tage an und weiterhin“ (1 Sam 16,13). Somit ist der König der Gesalbte Jahwes, nimmt teil an der Heiligkeit Gottes und ist darum unantastbar (vgl. 2 Sam 1,14 ff). Die Akklamation des Volkes bedeutet die Zustimmung zur Wahl durch Jahwe und die Anerkennung der königlichen Autorität. Bei der Krönungszeremonie des Joasch wird diesem durch den Priester Jehojada das Diadem aufgesetzt und das Dekret überreicht, das die Bestallung des Königs durch Jahwe garantiert (2 Kön 11,12). Noch deutlicher wird dies Ps 2,7—9 ausgesprochen, den wir bereits zitiert haben (vgl. Seite 37).

Im Königszug wird der Gekrönte in den Palast geleitet, wo er seinen Thron in Besitz nimmt (1 Kön 1,46; 2 Kön 11,19) zum Zeichen der Machtübernahme (vgl. 1 Kön 16,11). Es folgt nun die Huldigung der königlichen Beamten (1 Kön 1,47), die das Gehorsamsversprechen ablegen; umgekehrt bestätigt der neue Herrscher sie in ihrem Amt.

Aufgrund dieser Riten der Königskrönung erfährt der König von Jahwe selbst seine Bestallung und Würde, so daß das Königtum sich als ein Königtum von Gottes Gnaden erweist. Durch die Salbung wird der König in ein besonderes Verhältnis zu Jahwe gesetzt. Hier liegt die altorientalische Adoptionsformel vor, die besagt, daß der König mit dem Tag seiner Weihe von der Gottheit als Sohn angenommen ist. Dies ist in dem Gottesspruch, den der Prophet Natan David überbringt, treffend ausgesagt: „Ich will ihm ein Vater und er soll mir ein Sohn sein“ (2 Sam 7,14). Durch die Berufung und Einsetzung in sein Amt wird der alttestamentliche König „Sohn Gottes“, so daß sich der göttliche Zuspruch als ein schöpferisches, eine neue Seinsweise setzendes Wort erweist, das den König auf die Seite Gottes zieht und zum Statthalter der Herrschaft Gottes in dieser Welt macht.

Er wird zu mir rufen: Mein Vater bist du,
mein Gott, der Fels meines Heils!
Ich mache ihn zum erstgeborenen Sohn,
zum Höchsten unter den Herrschern der Erde.

(Ps 89,27 f)

Durch eine Willenserklärung Jahwes wird der König als Sohn Jahwes anerkannt und erhält Anteil an seiner Herrschaftsgewalt und seinem Besitz.

# 4. Die Zionslieder

Die Zionslieder (Ps 46; 48; 76; 84; 87; 122; 132) sind eine besondere Form der Hymnen und besingen Jahwes Herrlichkeit, die sich auf dem Zion offenbart. Als festumrissene Gruppe kannte die in das babylonische Exil geführte Gemeinde diese Lieder, wie aus Ps 137,3 hervorgeht, denn die Bedrücker bitten die Verbannten: „Singt uns Lieder vom Zion!“ Auf dem Berg Zion ist Jahwe gegenwärtig (Ps 46,6), und seine huldreiche Nähe ist Thema der Lieder. In der Heilssphäre der Gottesstadt möchte der Beter geborgen sein, deshalb verzehrt er sich vor Sehnsucht nach dem Hause Jahwes (vgl. Ps 84, 3.5). Es gab eine Wallfahrt zum Zion (Ps 84,7; 122,1), die in den Zionsliedern zum Teil rückblickend beschrieben wird. Eine Besonderheit stellt der Psalm 132 heraus; er verherrlicht die Erwählung des Zion, wobei ein Kultakt, in dem die Lade im Mittelpunkt steht, noch durchscheint. Die Zionslieder haben uralte Traditionselemente aus dem Mythos und dem Kult der kanaanäischen Ureinwohner übernommen und gleichsam „getauft“, indem diese Elemente Eingang in den Jahwekult fanden. Die Zionslieder haben ihren „Sitz im Leben“ in jenem Fest, von dem der Psalm 132 noch spricht, dem „königlichen Zionsfest“ [1], das die Erwählung des Zion als Zentralheiligtum des Zwölfstämmeverbandes und die Erwählung des Hauses David zur königlichen Dynastie feiert.

*Psalm 46*

In ihm wird die Herrlichkeit des Zion offensichtlich während eines jährlich wiederkehrenden Festes besungen. Weil der Psalm uralte Traditionen aus der vorisraelitischen Zeit, den Ansturm der chaotischen Mächte, aufnimmt, muß ihm ein hohes Alter zugeschrieben werden.

[1] *H. J. Kraus*, Die Psalmen (Biblischer Kommentar XV/II) Neukirchen [2]1961, 882.

*Psalm 48*

Ein Zionshymnus, der Jahwes Größe verherrlicht. Weil Jahwe sich den Zion zur Wohnstatt erkoren hat, rennen die Feinde vergeblich gegen die Stadt an. Wie aus Vers 10 hervorgeht, wird in der Geste des Fußfalles im heiligen Tempel Jahwe als Weltenkönig verehrt (vgl. Ps 95,6; 99,5; 100,4) und in einer sich anschließenden Prozession (V. 13—15) gefeiert.

*Psalm 76*

Ein Zionslied, das Jahwe als Schutzherrn seiner Wohnstatt und als Richter der Welt besingt. Es nimmt Elemente der vorisraelitischen Überlieferung auf, die auf den Zion übertragen werden, so daß eine vorexilische Abfassung möglich ist.

*Psalm 84*

Der zur Gattung der Zionslieder gehörende Psalm wird von einem Pilger angestimmt, der am Ende seiner Wallfahrt im Anblick der Stadt Jerusalem die Erfüllung seiner Sehnsucht findet.

*Psalm 87*

Hier wird der Zion als die vom Allerhöchsten selbst gegründete Wohnstatt besungen. Sänger und Tänzer (vgl. 2 Sam 6) preisen in einem Festakt die Erwählung des Zion.

*Psalm 122*

Von der Überschrift her ein Wallfahrtslied, das zur Gruppe der Zionslieder gehört und von der Freude, dem Frieden und der Geborgenheit in der heiligen Stadt spricht. Der Psalm ist in der nachexilischen Zeit entstanden und hat als Hintergrund die Wallfahrtsfeste zum wiedererrichteten Tempel.

*Psalm 132*

Auch dieser Psalm muß noch zu den Zionsliedern gezählt werden, weil er das Ereignis der Überführung der Lade nach Jerusalem vergegenwärtigt und damit die Erwählung des Zion und gleichzeitig die Erwählung des Hauses David zur Königsherrschaft feiert.

## Jerusalem, die heilige Stadt

Der Name Jerusalem erscheint zum erstenmal in ägyptischen Ächtungstexten um 1900 v. Chr. in der Form rušalimum. In den Amarnabriefen (1390—1365 v. Chr.) wird die Stadt uru-salim — Stadt der Gottheit salimum — genannt. Vielleicht hat sich in Ps 122,6 ein Anklang an eine volkstümliche Deutung erhalten: Jerusalem — Stadt des Friedens.

In der Früh- und Mittelbronzezeit (2500—1550 v. Chr.) war Jerusalem ein mächtiger kanaanäischer Stützpunkt. Nach der biblischen Überlieferung hießen die Bewohner Jerusalems Jebusiter (Jos 15,63). Die Stadt liegt auf einem Plateau 800 m hoch und wird von dem Kidron-, dem Hinnomtal und dem fast aufgefüllten Stadttal umgeben. Durch eine Kriegslist brachte David die Stadt in seine Gewalt (2 Sam 5,6—12) und machte sie nach kanaanäischem Vorbild zu seiner Königsstadt und später auch zur Hauptstadt seines Reiches. Die Davidsstadt lag auf dem südlichen Ausläufer des Osthügels. Indem David die Lade nach Jerusalem überführte und ihr im heiligen Zelt und späterhin im Tempel, den Salomo erbaute, ein ständiger Aufenthalt gegeben wurde, nahm Jerusalem auch im religiösen Bereich eine zentrale Stellung ein (vgl. 2 Sam 6). Damit hatte Jerusalem eine zweifache Bedeutung: Residenz des Königs und Ort des wichtigsten Heiligtums, politisches und religiöses Zentrum. Da Jerusalem die zuletzt eroberte Stadt bei der Landnahme war und zwischen den Gebieten von Juda und Israel auf neutralem Boden lag, konnte sie zum verklammernden Element zwischen den Staaten werden. Der Berg Zion, die Bergkuppe, die die alte Jerusalemer Kultstätte trug, wurde ein Begriff in der religiösen Sprache Israels.

In der „Stadt Gottes“ (Ps 46,5; 48,2.9; 87,3) leben viele uralte, vorisraelitische Mythen weiter, die in den Jahwekult einbezogen werden. Gott selbst hat die „heilige Stadt" (Ps 87,1.5) gegründet. Ein Strom umschließt sie mit seinen Armen (Ps 46,5). Er ist ein Gottesquell, der Wasser in Fülle hat und das Land befruchtet (vgl. Ps 65,10 f). An der Ostfront des Tempels wird eine Quelle, Zeichen der Segensfülle, die von Gott ausgeht, entspringen. Der Bach schwillt zum Strom an, läßt die Wüste erblühen und verwandelt die salzigen Wasser des Toten Meeres in Süßwasser (Ez 47). Mit diesem Strom, der von Jerusalem ausgeht und es mit seinen Armen umspannt, ist der Paradiesstrom (Gen 2,10—14) gemeint, der durch seine Wasser die Gottesstadt erfreut (Ps 46,5). Jahwe tränkt die Seinen mit dem Strom der Wonnen; er ist der Quell des Lebens (vgl. Ps 36,9 f). Das von Jerusalem ausgehende Wasser ist Zeichen des Heils (vgl. Sach 14,8). Die Vorstellungen vom paradiesischen Gottesgarten sind auf Jerusalem übertragen worden, denn man glaubte, daß Gott „an der Quelle der beiden Ströme, inmitten der Brunnen der zwei Tiefen"[2] sitze. Die unterirdische Urflut tritt am Wohnsitz der Gottheit zutage. Diese Überlieferung übernimmt Jerusalem, so daß „ehernes Meer" (1 Kön 7,23—26) und Tempelquelle (Ez 47) dinghafte Zeichen dieser Übertragung sind.

## Die Erwählung des Zion

Von einer doppelten Erwählung spricht der Psalm 132, der Erwählung des Zion zur Wohnstätte Jahwes (V. 13) und der Erwählung Davids und seiner Nachkommen zum König (V. 11). Ähnlich ist dies auch 1 Kön 8,16 ausgesagt: „Seit dem Tage, da ich mein Volk Israel aus Ägypten führte, habe ich aus allen Stämmen Israels keine Stadt auserkoren, um mein Haus zu bauen, damit dort mein Name weile, sondern David habe ich erkoren, daß er als Herrscher über meinem Volke stehe".

In der Überführung der Lade durch David nach Jerusalem (2 Sam 6) soll dokumentiert werden, daß Jerusalem das neue Zentralheiligtum des Zwölfstämmeverbandes Israel ist. Zugleich wird in der Vorstel-

[2] Vgl. *E. G. Wright,* Biblische Archäologie, Göttingen 1958, 101.

lung vom Thronen Jahwes über der Lade Gottes Gegenwärtigkeit angezeigt und gleichzeitig seine Jenseitigkeit gewahrt. Indem die Lade durch David aus der Vergessenheit hervorgeholt und nach Jerusalem überführt wird, soll Jerusalem Zentralheiligtum werden und das Erbe des altisraelitischen Heiligtums in Schilo antreten. „Denn Jahwe hat den Zion erwählt, ihn zu seinem Wohnsitz erkoren. Das ist der Ort meiner Ruhe für immer; hier will ich wohnen, ich habe ihn erkoren" (Ps 132,13 f). Das für Israel so wichtige Ereignis der Überführung der Lade wird fortan im Kult vergegenwärtigt. Da Heiligtum und Königtum aufs engste miteinander verbunden sind, liegt es auf der Hand, daß gleichzeitig die Erwählung des Hauses Davids gefeiert wird: „Jahwe hat David geschworen, einen Schwur, den er niemals brechen wird: ‚Auf deinen Thron will ich setzen einen Sproß aus deinem Geschlecht. Wenn deine Söhne meinen Bund bewahren, mein Zeugnis, das ich sie lehre, dann sollen auch ihre Söhne für immer sitzen auf deinem Thron'" (Ps 132,11 f). In der prohetischen Literatur wird die Bitte ausgesprochen, daß Jahwe sein Volk um seines Namens willen nicht verschmähen soll, damit sein herrlicher Thron nicht der Schande preisgegeben werde (Jer 14,21). Der Blick weitet sich, so daß der Zion der Ort der endzeitlichen Offenbarung der Herrlichkeit Jahwes sein wird, wo die Erlösten hinaufsteigen und die Befreiten heimkehren mit Jauchzen „ewige Freude über ihrem Haupte" (Jes 35,9 f). Für alle Völker wird Jahwe Zebaot (= Jahwe der Heerscharen) ein Mahl bereiten, den Tod vernichten und die Schmach hinwegnehmen (Jes 25,6—8). Gott wird sichtbar eingreifen und helfen und so die Hoffnungen Israels erfüllen und seine Hand auf den Berg Zion legen (Jes 25,9 f).

## Jerusalem, Jahwes Wohnstatt

Jahwe hat auf dem Zion Wohnung genommen (Ps 132,7.13); er hat ihn ausgesondert und geheiligt (Ps 46,5). Darum ist Jerusalem groß und heilig zu preisen (Ps 48,2), denn der Berg Zion hoch im Norden ist schön ragend und die Wonne der Welt (Ps 48,3). Jes 14,13—14 bringt Licht in diese Überlieferung. „Zum Himmel will ich steigen, meinen Thron über Gottes Sterne setzen, auf dem Versammlungsberg im höchsten Norden will ich wohnen. Ich will zu Wolkenhöhen mich erheben, gleich sein dem Allerhöchsten." Der Nordberg ist demnach ein himmlischer Olymp, Wohnsitz des höchsten Gottes. Als die Vorstellungen vom höchsten Gott auf Jerusalem übertragen wurden, wechselte auch der Wohnsitz des höchsten Gottes vom Gottesberg „hoch im Norden" zum Berg Zion, so daß dieser nun als Ort vollkommener Schönheit gepriesen werden kann. Der Zion ist die Stadt des großen Königs (Ps 48,3), und von dort herrscht Jahwe weltumspannend. Die ursemitische Vorstellung von Gott als einem König scheint eine Weiterentwicklung der Glaubensaussage zu sein, daß Jahwe die Seinen führt und beschützt. Darum fühlt sich der Fromme geborgen in den Höfen des Heiligtums (Ps 84,3), und die Wallfahrt zum Hause Jahwes löst eine große Freude aus (Ps 122,1). Hier ist Festigkeit und Sicherheit zu finden (Ps 46,4.6). Wenn auch die Wasser tosen und brausen, die Berge erbeben (Ps 46,4), die Donner rollen (Ps 46,7), wenn auch die Völker toben (Ps 48,7), wenn auch chaotische Mächte die heilige Stadt bedrohen, sie bleibt in ihrer Festigkeit unberührt, denn Jahwe Zebaot ist Zuflucht und Schutz, gewährt Hilfe in allen Nöten (Ps 46,2). Er ist der Gott des Mitseins (Ps 46,4). Die bedrohlichen Mächte rennen vergeblich gegen den Zion an. Der Wall und die Burgtürme bieten einen solchen Schutz, daß die Feinde vor Schreck erstarren und Furcht und Zittern sie ergreifen (Ps 48,6). Selbst die tapfersten Krieger sinken vor dem Schelten des Gottes Jakobs in Betäubung (Ps 76,7), Bogen, Schwert und Schild zerbrechen (Ps 76,4), die Wagen verbrennen im Feuer (Ps 46,10). Jahwe tritt den feindlichen Heeren als donnernder König entgegen. Er kommt zum Gericht, so daß die Erde erschrickt und verstummt (Ps 76,9), weil er Entsetzen verbreitet (Ps 46,9; 48,5—8). Mythische Elemente und Vorstellungen vom heiligen Krieg verschmelzen zu einer neuen Vorstellung von einem Völkerkampf gegen Jerusalem. Der Zion aber steht als von Gott selbst gegründet fest da (Ps 48,9) und hat Bestand für alle Zeit, so daß Jahwes Gegenwart in der heiligen Stadt die Gewißheit des Schutzes entbindet (Jes 7,29; Sach 2,9). So gehen diese Aussagen über die tatsächlichen Gegebenheiten weit hinaus. Die Beter wollen damit Jahwes weltweite Macht herausstreichen: er ist der Herr seines Volkes Israel und zugleich der Herr der ganzen Welt.

## Die Heilssphäre der Gottesstadt und des Tempels

Nicht der Zion an sich wird in den Zionsliedern verherrlicht, sondern Jahwe, der Gott des Lebens (Ps 84,3). Er ist der lebenschenkende und lebenerhaltende Gott (Ps 36,10), denn für die Frommen bedeutet sich in seiner Nähe zu wissen, erst Existenzmöglichkeit.

> Gott, du mein Gott, dich suche ich,
> meine Seele dürstet nach dir.
> Nach dir schmachtet mein Leib
> wie dürres, lechzendes Land ohne Wasser. (Ps 63,2)

Jahwe ist der lebendige Gott, den die Beter schauen möchten (Ps 42,3), der ihnen seine Freundlichkeit schenkt (Ps 27,4), nach dem sie sich in Sehnsucht verzehren (Ps 84,3). Wer Jerusalem liebt, ist in der Stadt geborgen (Ps 122,6), weil sie fest gefügt ist. Die Beter möchten gleich den Vögeln, die im Tempelbezirk nisten, Heimat am Altar finden (Ps 84,4). Ihr Verlangen geht dahin, allzeit die Nähe Jahwes zu spüren, von Güte und Huld umfangen zu sein (Ps 84,12). Auf dem Zion wissen die Beter sich umgeben von der Gegenwart Jahwes, so daß sie hier die Gotteserfahrung machen, nicht nur vom Hörensagen, sondern in einer ganz realen Weise (Ps 48,9). Schließlich weitet sich der Blick, und Jahwes Ruhm, der bis an die Grenzen der Erde reicht, wird gepriesen. Seine Rechte wahrt das Recht und ist voller Heilserweisung. Darum ergeht die Aufforderung, für Jerusalem Frieden und Heil zu erbitten (Ps 122,6—8). Die heilsmächtige Gegenwart Jahwes wird im Kult gefeiert, indem „die Letztwirklichkeit der Welt“ [3] den anbetenden Glaubenden gleichnishaft in der Diesseitigkeit anschaubar wird. Am heiligen Ort finden die Menschen, wenn sie sich ihm vertrauensvoll nahen, neue Kraft. Selbst am Tage des Unheils sind sie im Hause Gottes geborgen (Ps 27,5), ist doch Jahwe Sonne und Schild zugleich (Ps 84,12). Schon auf der Pilgerfahrt erfahren die Frommen die göttliche Segenskraft: das trostlose Tal wird zum Quellgrund, der Regen schenkt Fruchtbarkeit (Ps 84,7),

[3] *H. J. Kraus,* Die Psalmen (Biblischer Kommentar XV/I) Neukirchen ²1961, 361.

wie es anschaulich in einem Wort bei Deuterojesaja ausgesagt wird: „Die auf Jahwe harren, empfangen immer neue Kraft, daß ihnen Schwingen wachsen wie Adlern, daß sie laufen und nicht ermatten, daß sie wandeln und nicht müde werden" (Jes 40,31). Den Suchenden und den Wartenden, den Verzagten und Gebeugten steht Jahwe zur Seite. Sie werden erfahren, wie Jahwe hilft und seine Gegenwart sie wie eine schützende Burg umgibt. Weil die Beter am heiligen Ort Jahwes Antlitz schauen dürfen (Ps 27,8), gleichsam der Gottesbegegnung gewürdigt werden, darum müssen sie ihre Erfahrungen weitergeben an die kommenden Generationen; denn Jahwe ist Israels Gott für immer und ewig (Ps 48,15). Angesichts eines solchen Tuns Gottes kann der Mensch nur hinaufgehen zu Gottes Wohnung auf dem Zion und vor dem Schemel seiner Füße niederfallen (Ps 132,7); denn die Frommen sollen allesamt jauchzen und jubeln (Ps 132,9).

## 5. Die Weisheitspsalmen

Die von der Weisheit bestimmten Psalmen bilden keine Gattung für sich, weil man nicht von einer Gattung „Lehrgebete" sprechen kann. Gemeinsam ist den Weisheitspsalmen die Sprache und Thematik, denn sie versuchen in sentenzartigen Sprüchen Schaden und Lebensminderung vom Menschen abzuhalten. So ist die Weisheit in erster Linie Niederschlag der menschlichen Erkenntnis und Erfahrung. Sie hat ihren „Sitz im Leben" nicht ausschließlich am Königshof gehabt, obwohl vielfach die Weisen der Höfe das Lehrgut sammelten. Daneben hat es aber auch Bildungsstätten in Israel gegeben, die sich den Lebensfragen einer bürgerlich-großbäuerlichen Schicht zuwandten. Wenn uns über das Schulwesen in Israel nur sehr bruchstückhafte Zeugnisse überkommen sind, so gab es doch schon in der frühen Königszeit eine hochstehende Literatur, die einen Schreiberstand bedingte. Man kennt eine ganz bestimmte Art von Fragesätzen, die auf einen Schulbetrieb schließen lassen.

> Gehen wohl zwei miteinander,
> wenn sie sich nicht verabredet haben?
> Brüllt der Löwe im Walde,
> wenn er keine Beute gemacht?
> Erhebt der junge Leu seine Stimme im Lager,
> wenn er keinen Fang getan?
> Fällt der Vogel zur Erde,
> wenn keine Schlinge gelegt ist?
> Springt die Falle vom Boden,
> wenn sie nicht gefaßt hat?
> Stößt man ins Horn in der Stadt,
> ohne daß die Leute erschrecken?
> Geschieht ein Unglück in der Stadt,
> ohne daß Jahwe es verursacht?
> Nein, Jahwe, der Herr, tut nichts,

ohne seinen Plan seinen Knechten, den Propheten,
zu offenbaren.
Brüllt der Löwe,
wer erschreckt nicht?
Spricht Jahwe, der Herr,
wer sollte da nicht weissagen? (Am 3,3—8)

Ähnliche Fragereihen kennt auch das Buch der Sprichwörter:

Kann man Feuer im Bausch des Gewandes bergen,
ohne daß die Kleider in Brand geraten?
Oder schreitet einer auf Kohlenglut,
ohne sich die Füße zu verbrennen?
So auch, wenn einer zur Frau seines Nächsten geht:
keiner bleibt straflos, der sie berührt. (Spr 6,27—29)

Es gibt großartige Beispiele eines katechetisch-lehrhaften Stils, in dem beispielsweise die Arbeit des Landmannes bei Aussaat und Ernte dargelegt wird (vgl. Jes 28,23—29). Eingeleitet wird ein solcher Lehrvortrag mit einem „Lehreröffnungsruf", wie er sich, auch Ps 49,2—5 findet:

Hört dies an, ihr Völker alle,
vernehmt es, alle Bewohner der Erde!
Ihr Leute aus dem Volk und vom Adel,
Reiche und Arme zusammen!
Mein Mund spreche weise Worte,
was mein Herz ersinnt, sei voller Einsicht.
Ich wende mein Ohr einem Weisheitsspruch zu,
ich enthülle mein Geheimnis beim Harfenspiel.

Der Weise läßt sich kaum einem bestimmten Stand, etwa dem des Priesters oder Propheten, zuordnen, obwohl auch deren Funktion im Erteilen eines Rates besteht. Es gibt zwar Belege, beispielsweise Jer 18,18 und Ez 7,26, die neben Priester und Propheten als dritte Gruppe die Ältesten nennen, weil sie Ratschläge und Lehren weitergeben. Aber sie werden kaum berufsmäßige Lehrer gewesen sein, son-

dern aus der Fülle ihrer Lebensweisheit Erfahrungen weitergegeben haben. Erst aus der Zeit um 200 v. Chr. besitzen wir das Idealporträt eines Lehrers: „Er erforscht die Geheimnisse der Gleichnisbilder und verweilt bei den Rätseln der Sinnsprüche. Im Kreise der Großen tut er Dienst, und auch bei den Fürsten erscheint er. Er durchzieht das Land fremder Völker und erforscht Gutes und Böses unter den Menschen ... Er läßt Worte der Weisheit hervorsprudeln und lobpreist im Gebet den Herrn" (Sir 39,3—5.6).
Hier werden wesentliche Inhalte eines Berufes aufgezeigt, dessen Erkenntnis der Wahrheit dient. Im tiefsten aber ist Gegenstand der Forschung das Gesetz Gottes. So gibt es innerhalb der Weisheitspsalmen die Torapsalmen (tora = Weisung, Gesetz), die in einer lehrhaft-hymnischen Art die Größe und Schönheit der Tora besingen.

*Psalm 1*

Ursprünglich war dieser Psalm der Sammlung des Psalters als eine Art Vorwort vorangestellt. Die Gerechten, die Gottlosen und ihr Handeln werden einander gegenübergestellt. Der Psalm ist als Glückwunsch gedacht. In Wortwahl und Stil ist er von der Weisheitslehre beeinflußt. Gottes Weisung ist die Quelle aller Weisheit.

*Psalm 19 B*

Hier überwiegen die hymnischen Elemente, welche die Tora verherrlichen. Der Lobpreis der Tora spricht von der Vollkommenheit der göttlichen Weisung, dem durch Mose übermittelten Gottesrecht.

*Psalm 34*

Starke Formen des Lehrgedichtes zeigen sich hier, indem der Psalm eine Anweisung zum Leben in wahrer Weisheit gibt. Die Versanfänge ergeben das hebräische Alphabet. Der Verfasser, ein Lehrer der Weisheit, hat die Erfahrung gemacht, daß derjenige Glück und ein langes Leben vor sich hat, der sich vom Bösen zurückhält, das Gute tut und dem Frieden nachjagt.

*Psalm 36*

Dieser Psalm ist eigentlich ein Klagelied des einzelnen (V. 11—13). In der Schilderung des Treibens der Frevler weist er Elemente der Weisheitslehre auf (V. 4—5). Der Weg des Frevlers führt in das Unheil und in den Tod. Jahwe aber schenkt allen, die sich zu ihm wenden, Leben (V. 6—10). Der Psalm ist in der nachexilischen Zeit entstanden.

*Psalm 37*

Auch hier liegt ein sogenannter alphabetischer Psalm vor. Schon früh wurde das Alphabet zu Unterrichtszwecken aufgezeichnet, so daß es naheliegt, in der alphabetischen Ordnung eines Liedes eine Gedächtnisstütze zu sehen. Diese Merkmale weisen Psalm 37 der Gattung der Weisheitspsalmen zu, in denen Erfahrungen übermittelt, Lebensprobleme überdacht und Mahnungen und Verheißungen vorgetragen werden. Der Lehrende ist ein weiser Mann, gereift in einem langen Leben. Psalm 37 wird verhältnismäßig spät entstanden sein, denn die beherrschenden Themen und Traditionszusammenhänge weisen in die nachexilische Zeit.

*Psalm 49*

Er gehört zur Gattung der Weisheitspsalmen, hat aber daneben auch Elemente der Klage und des Dankes. Der Psalm ist ein Lehrgedicht, in dem das Vergeltungsproblem dargelegt wird. Mit dem charakteristischen Lehreröffnungsruf beginnt das Lied. Der Lehrer weiß sich gegenüber der ganzen Welt verpflichtet, gilt doch dieses Gebet insbesondere den einfachen Leuten. Die Abfassungszeit muß um 200 v. Chr. angesetzt werden.

*Psalm 73*

Seinem Charakter nach ist er lehrhaft und gehört der Weisheitsdichtung an. Inhaltlich läuft Psalm 73 auf weite Strecken parallel zu Psalm 49. Auch hier ist wieder das beherrschende Thema das Vergeltungsdogma oder die Frage, wie das Wohlergehen der Frevler mit der Gerechtigkeit Gottes vereinbar sei. In diesem Psalm ist ein Ineinander von Erlebnis und Lehre spürbar. Für den Gerechten bedeutet das Wohlergehen der gottlosen Frevler eine bittere Anfechtung seiner Glaubensgewißheit. Der Beter des Psalms bekennt sich zu den Gerechten, und er fragt, warum der Gerechte leiden muß, während es dem Frevler gut geht. Diese Frage quält ihn bis hinein in körperliche Leiden. Der Psalm dürfte in der spätnachexilischen Zeit anzusetzen sein.

*Psalm 91*

Das Mittelstück (V. 3—13) weist das Gebet als ein Lehrgedicht aus, in dem nach Art der Weisheitsdichtung eine Unterweisung erteilt wird. Aus der Erfahrung der Hilfe Jahwes, die ein Frommer gemacht hat, wird eine Lehre erteilt und zum Vertrauen auf Jahwe aufgerufen.

*Psalm 112*

Wieder ein alphabetisches Lied, das festgeprägte Sätze gemäß dem Buchstaben des Alphabets aneinanderreiht. Die Sentenzenfülle verleiht dem Psalm den Charakter eines Weisheitsliedes. Die in der späten Dichtung so beliebten Grüße und Glückwünsche weisen den Psalm der spätnachexilischen Zeit zu. Die Torafrömmigkeit der Gerechten hat sich in diesem Lied niedergeschlagen. Vor allem wird auf den Lohn, der den Gerechten beschieden ist, verwiesen.

*Psalm 119*

Der umfangreichste Psalm des Psalters. Er besteht aus achtzeiligen Strophen zu den 22 Buchstaben des hebräischen Alphabets. In jeder Strophe wird das Grundthema des Psalms variiert, indem acht verschiedene Begriffe für Tora — Gesetz, bzw. für Wort Gottes gebraucht werden: Weisung, Gesetz, Anordnung, Zeugnis, Gebot, Entscheid, Wort, Spruch. Der Psalm zeugt von außerordentlicher Gelehrsamkeit und sprachlicher Kunstfertigkeit. Der Verfasser greift auf den Bestand an heiligen Büchern zurück. Auszüge aus ihnen und Einzelsprüche hat er in kunstvoller alphabetischer Gliederung aneinandergereiht. Wegen des Umfanges ist es an sich nicht verwunderlich, daß in diesem Psalm die verschiedensten Gattungen begegnen. Man findet den Glückwunsch, die Klage des einzelnen, Elemente des Vertrauensliedes, des individuellen Dankliedes, des Hymnus und des Weisheitsspruches. In immer neuen Wendungen wird das Geheimnis der göttlichen Willensoffenbarung besungen. Der Psalm ist aus Kreisen hervorgegangen, die eine besondere Torafrömmigkeit pflegten. Er entstammt wohl dem Kreis der Weisheitslehrer und muß zeitlich in die Nähe des Jesus Sirach gerückt werden. Man wird aber immer wieder in Erwägung ziehen müssen, daß deuteronomische Kreise der Exilszeit das Gedankengut des Psalms mitbeeinflußt haben.

*Psalm 127*

Von seinem Stil her muß dieser Psalm der Weisheitsdichtung zugeordnet werden. Er besteht aus zwei Sprüchen. Der erste Spruch handelt vom Hausbau, vom Schutz der Stadt und der täglichen Arbeit, der zweite Spruch vom Segen der männlichen Nachkommenschaft. Zu einem Wallfahrtslied konnte der Psalm durch die Ausdeutung des Hausbaues auf den Bau des Tempels unter Salomo werden. Hier liegt ein Lied vor, das ursprünglich im täglichen Leben seinen „Sitz" hatte und dem man nun ein kultisches Verständnis unterlegte, um es so in den Bereich des Gottesdienstes aufzunehmen. Seinen lehrhaften Charakter zeigt der Psalm daran, daß er für die Unterrichtung der Pilger geeignet schien.

*Psalm 128*

Auch er ist ein Weisheitsgedicht. Das Gebet grüßt den Gerechten. Es spricht allen, die Jahwe fürchten, Segen und Heil zu. Vielleicht hat der Psalm seinen Ort bei einem Gottesdienst, in dem dem Priester die Rolle des Weisheitslehrers zugedacht war und er den Feiernden das Grußwort zugerufen hat. Mit Psalm 127 ist er in der nachexilischen Zeit anzusetzen. Von daher erklärt sich auch seine Aufnahme in die sogenannten Wallfahrtslieder.

*Psalm 133*

Wiederum ein Weisheitspsalm. Er bringt im Stile der Spruchweisheit bildliche Vergleiche aus dem Familienleben, um auf Ordnung und Recht hinzuweisen.

*Psalm 139*

Seine Gattung ist nicht eindeutig zu bestimmen. In hymnischer und lehrhafter Form wird eines der größten theologischen Probleme, nämlich das der allgöttlichen Wirksamkeit in Raum und Zeit erörtert. Ein von den Frevlern Verfolgter nimmt in seiner Not Zuflucht zu Jahwe und stellt sich dem Gottesurteil. Mit diesem Gebet will der Psalmist Geist und Herz der betenden Gemeinde belehren und sie fester an Jahwe binden. Von der Sprache her muß der Psalm in der spätnachexilischen Zeit angesetzt werden.

## Die Tora

Das Verbindende der vorliegenden Psalmen und zugleich ihr Schlüsselwort ist die Tora. Vorschnell ist die Tora rein gesetzlich verstanden und die Torafrömmigkeit als Erzeugnis einer Religion des Gehorchens und des pharisäischen Geistes bezeichnet worden. Das geschah zu Unrecht. Denn Tora meint wohl so etwas wie Lehre und Weisung. In einem endzeitlichen Spruch des Propheten Jeremia vom Neuen Bunde wird die auf Tafeln aufgezeichnete Bundestora nunmehr den Menschen ins Herz geschrieben, so daß das Israel der Heilszeit aus innerer Willigkeit die Tora erfüllt. „Das ist der Bund, den ich mit dem Hause Israel nach jenen Tagen schließen werde, spricht Jahwe: Ich werde mein Gesetz in ihr Inneres legen und ihnen ins Herz hineinschreiben, und ich werde ihr Gott sein, und sie werden mein Volk sein. Dann brauchen sie sich nicht mehr gegenseitig zu belehren und einer zum andern zu sagen: Erkennet Jahwe! Sondern sie alle werden mich erkennen, klein und groß, spricht Jahwe" (Jer 31,33f). Vom Deuteronomium her erschließt sich das Verständnis der Tora als der Gesamtheit der göttlichen Willensoffenbarung.

Mit einer gewissen Endgültigkeit ist die Tora behaftet und deshalb wird eingeschärft, daß man nichts hinzufügen noch weglassen darf (Dtn 1,31). Die Befolgung der Tora soll innerlich mit ganzem Herzen und mit ganzer Seele vollzogen werden (Dtn 6,5). „Siehe, ich lehre euch Bestimmungen und Rechtssatzungen, wie mir Jahwe, mein Gott, befohlen hat, damit ihr darnach tut in dem Lande, in das ihr einzieht, um es in Besitz zu nehmen. Beobachtet und befolgt sie! Denn das wird in den Augen der Völker, die von all diesen Gesetzen hören, eure Weisheit und Klugheit ausmachen; sie werden sagen: Wahrlich, ein weises und kluges Volk ist diese große Nation! Denn wo gibt es ein so großes Volk, das Götter hat, die ihm so nahe sind wie Jahwe, unser Gott, und sooft wir zu ihm rufen? Und wo gibt es ein so großes Volk, das solch vollkommene Bestimmungen und Rechtssatzungen hat, wie dieses ganze Gesetz, das ich euch heute vorlege" (Dtn 4,5—9).

Diese Weisung ist dem Jahwefürchtigen nicht unerreichbar und fern, sie findet sich nicht im Himmel, so daß man fragen müßte, wer wird uns zum Himmel emporführen, sie uns herunter zu holen, sie uns zu künden, daß wir sie befolgten. Auch befindet sich die Tora nicht jenseits des Meeres, so daß man sagen müßte, wer wird für uns über das Meer fahren, damit uns die Tora hergebracht und verkündet wird, und wir sie befolgen könnten. Vielmehr ganz nahe ist dies Wort, im Munde, im Herzen Israels, um es zu vollbringen.

Mit der Tora werden Leben und Tod, Glück und Unheil, Segen und Fluch zur Wahl vorgelegt. „Ich rufe heute Himmel und Erde wider euch zu Zeugen an: Leben und Tod, Segen und Fluch habe ich dir vor Augen gestellt. So sollst du denn, daß du und deine Nachkommen am Leben bleiben, das Leben wählen, indem du Jahwe, deinen Gott, liebest, seiner Stimme gehorchst und ihm anhangst!" (Dtn 30, 19 f).

Am umfassendsten besingt der Psalm 119 die Tora. Sie ist das höchste Gut, wertvoller als Silber und Gold (V. 71). Sie ist der Inbegriff des Verläßlichen und Bleibenden (V. 142). Von ihr gehen heilschaffende und lebenerneuernde Kräfte aus. Die Tora und die von ihr ausgehenden Ströme können als Wunder beschrieben werden (V. 18). Das Charakteristische an der Tora ist, daß sie keine starre, unveränderliche Größe, sondern eine lebenschaffende, schöpferische

Macht ist. Sie ist ein von Jahwes Herrlichkeit ausgehendes Wort. Indem immer wieder von „deiner Tora" gesprochen wird, wird die Beziehung der Tora zu Jahwe hergestellt. Der Gerechte bittet um das rechte Verständnis der Tora: „Begnade mich mit deiner Weisung" (V. 29). Immer wieder bricht das Bekenntnis der Treue zur Weisung durch (V. 61.109). Der Gerechte weicht nicht vom Gesetz ab (V. 51.153), er steht in der Weisung fest und wandelt auf ihren Wegen (V. 34.44.45). Er liebt die Tora und geht ständig meditierend mit ihr um (Ps 1,2). Die Tora ist ihm ins Herz gegeben (Ps 37,31; 40,9). Das in der Tora anbefohlene Wort soll stets im Herzen des Jahwetreuen bleiben; er soll seine Kinder darin unterrichten. Als Zeichen soll er es auf seine Hand binden und es als Mal auf seiner Stirn tragen. Er soll es an die Türpfosten seines Hauses und an die Tore schreiben (Dtn 6,6—9). An unzähligen Stellen schärft das Deuteronomium die Beobachtung des Gesetzes und seiner Bestimmungen ein und verbindet mit dem Gehorsam das Wohlergehen auf Erden und das Bleiben im Lande. Bemerkenswert für den deuteronomischen Torabegriff ist der lebendige Wortcharakter, der sich besonders in Psalm 119 niedergeschlagen hat. In den sogenannten Weisheitspsalmen ist Tora allgemein im Sinne von Weisung, Unterweisung und Rat zu verstehen. Tora deckt sich hier fast durchweg mit den geoffenbarten Grundregeln der moralischen Existenz des Menschen vor Gott, so daß die Weisheit dem Menschen als Gestaltwerdung göttlichen Willens und des damit verbundenen Heiles entgegenkommt, wie es Spr 8,35 heißt: „Wer mich findet, findet das Leben". Bei Jesus Sirach wird die Weisheit mit der Tora gleichgesetzt. Das Bundesbuch des Höchsten, das von Mose verkündigte Gesetz, ist das Erbe, das der Gemeinde Jakobs übergeben ist, und es bietet Weisheit in Fülle. Es gibt Einsicht; aus ihm strömt Bildung, und niemand kommt in seiner Erforschung an ein Ende, denn reichhaltiger als das Meer ist sein Sinn und tiefer sein Rat als der große Abgrund (Sir 23, 24—29). Der Jahwefürchtige tut all das, was in der Tora vorgelegt wird und erlangt damit Weisheit (Sir 15,1). Was mit der schriftlich aufgezeichneten Tora gemeint ist, kann nicht genau abgegrenzt werden. Jedenfalls wachsen Begriff und Inhalt der Tora, ausgehend von der Bundesordnung der Zehn Gebote, von Mose dem Volk verkündet, zur endgültigen Sammlung aller Überlieferungen durch Esra

zum sogenannten Pentateuch, dem Fünfbuch, den fünf Büchern Mose, der autoritativen Tora Jahwes. Schließlich wird unter dem Einfluß der Weisheit Tora ein Ausdruck, der die göttliche Willensoffenbarung zusammenfaßt. Neben den anderen Hauptteilen der hebräischen Bibel, den Propheten und den Schriften, bildet die Tora den Hauptbestandteil der Heiligen Schrift. Jos 1,8 und Ps 1,2 wird der Typos des Torafrommen gezeigt. „Das Buch dieses Gesetzes sei allezeit auf deinen Lippen; sinne darüber Tag und Nacht, daß du darauf achtest, nach allem zu handeln, was darin geschrieben ist. Dann hast du Glück in deinem Unternehmen, dann wird es dir gelingen. Gab ich dir nicht dieses Gebot: Sei stark und fest? Also sei ohne Furcht und Angst, denn Jahwe, dein Gott, ist mit dir überall, wohin du auch gehst" (Jos 1,8—9).
In einem Hymnus wird in Ps 19,8—11 die Tora besungen:

> Die Weisung des Herrn ist vollkommen,
> sie erquickt den Menschen.
> Das Gesetz des Herrn ist verläßlich,
> den Unwissenden macht es weise.
> Die Befehle des Herrn sind richtig,
> sie erfreuen das Herz;
> das Gebot des Herrn ist lauter
> es erleuchtet die Augen.
> Die Furcht des Herrn ist rein,
> sie besteht für immer.
> Die Urteile des Herrn sind wahr,
> gerecht sind sie alle.
> Sie sind kostbarer als Gold, als Feingold in Menge.
> Sie sind süßer als Honig, als Honig aus Waben.

Die Freude an Gottes Tora wird als Zeichen der endzeitlichen Existenz des Frommen angesehen, als jene innerliche Verbundenheit des Menschen mit Gottes Willen. Die Begnadung mit der Tora wird als größter Erweis der Liebe Gottes angesehen (Ps 119,29). Jahwe selbst kommt in dieser Gabe dem Menschen nahe und verwurzelt ihn in der Wahrheit (Ps 119,151).

## Der Gerechte und der Frevler

Die Weisheitslehre, wie sie in den Psalmen zu finden ist, stellt zwei Gruppen von Menschen einander gegenüber. Auf der einen Seite stehen die Gerechten, auf der andern Seite die Frevler. Der Gerechte hat Freude an Jahwes Weisung und gleicht deshalb einem Baum, der am Wasser gepflanzt ist, der Frucht trägt und dessen Blätter nicht welken (Ps 1,2—3). Den Weg des Gerechten behütet Jahwe (Ps 1,6). Gerechtsein heißt, sich vom Bösen fernhalten, Frieden suchen und nach ihm streben. Der Gerechte darf auf ein glückliches Leben hoffen, denn Jahwes Augen blicken ihn an. Jahwe hört sein Schreien in Stunden der Not. Wahres Leben und Glück erfährt der Gerechte, indem er in der Gottesfurcht lebt. Vor allem in der Not schenkt Jahwe Heil dem Frommen. Mag er auch viele Leiden erfahren, aus allem wird Jahwe erlösen, denn Jahwe befreit die Getreuen. Wer bei ihm seine Zuflucht sucht, der wird nicht Mangel noch Schaden leiden (Ps 34,18—23). Weil für den Gerechten das Wohlergehen der Frevler eine ungeheure Anfechtung bedeutet, so findet sich immer wieder in den Weisheitspsalmen die Mahnung, auf Jahwe zu vertrauen und Gutes zu tun (Ps 37,3), seine Wege Jahwe anzubefehlen und auf ihn zu harren (Ps 37,5). Vor allem ergeht an den Gerechten die Mahnung, auf das Ende des Lebens der Frevler zu schauen. Ihr Ende ist Verderben. Wer sich aber auf Jahwe verläßt, wer auf ihn hofft, der darf dessen sicher sein, daß Jahwe hilft und rettet, denn für die, die ihn suchen, ist er Zuflucht (Ps 37,39 f). An heiliger Stätte wird sich der Gerechte bewußt, daß er stets bei Jahwe geborgen ist, daß er zu ihm gehört, weil Jahwe seine rechte Hand ergriffen hat (Ps 73,23). Hier spricht sich die Gewißheit aus, daß die Zugehörigkeit zu Jahwe Heil bedeutet. Das Erfassen der Rechten besagt, daß dem Gerechten eine Ehrenstellung zukommt. Wird der Großkönig von der rechten Hand der Gottheit ergriffen, so meint dies die unmittelbare Heilsgemeinschaft. Die Glaubensgewißheit, daß der Beter in aller Not von seinem Gott geführt wird, hat sich hier niedergeschlagen.

> Ich aber — Gott nahe zu sein ist mein Glück.
> Ich setze auf Gott den Herrn mein Vertrauen.
> Ich will deine Taten verkünden. (Ps 73,28)

Der Psalm 112 stellt den Lohngedanken heraus. Auf den Gerechten werden Verheißungen und Versprechungen in großer Fülle gehäuft. Ihm wird eine heilvolle Zukunft zugesagt. Wenn auch sein Leben von Feinden bedroht ist, wenn Leiden sich einstellen, Jahwe wird den, der ihn fürchtet, nicht leer ausgehen lassen. Der Gerechte schreitet in die Heilsfülle hinein und wird noch in seinen Nachkommen gesegnet sein. Aus all dem ergibt sich, daß der Gerechte derjenige ist, der die Gerechtigkeit sucht. Mit Gerechtigkeit wird das bundesgemäße Verhalten umschrieben, das sich in Psalm 112 in der Jahwefurcht bewährt und zugleich Segnungen und Heil in sich birgt. Gerechtigkeit meint das durch Gott vom Menschen Gott gegenüber geforderte Verhalten. So ist Abraham derjenige, der ein gottentsprechendes Verhalten lebt. „Er (Abraham) glaubte Jahwe und der rechnete es ihm zur Gerechtigkeit an“ (Gen 15,6). Das Befolgen der Bestimmungen, die Jahwe erlassen hat, und die Gottesfurcht bedingen das Leben, und es wird zur Gerechtigkeit gereichen (Dtn 6,25). Mit liturgischer Feierlichkeit unterstreicht ein prophetisches Wort die Bekehrung durch Gerechtigkeit: „Zion wird durch Recht erlöst und seine Bekehrten durch Gerechtigkeit“ (Jes 1,27).

Die Frevler haben ihre eigenen Lebensprinzipien. Sie treffen sich in der Runde, und einer ermuntert den andern zu Spottreden (Ps 1,1).

> Sie höhnen, und was sie sagen, ist schlecht;
> sie sind falsch und reden von oben herab.
> Sie reißen ihr Maul bis zum Himmel auf
> und lassen auf Erden ihrer Zunge freien Lauf.
> Darum wendet sich das Volk ihnen zu
> und schlürft ihre Worte in vollen Zügen.
> Sie sagen: Wie sollte Gott das merken?
> Wie kann der Höchste das wissen? (Ps 73,8—11)

Die Frevler spotten und speien Bosheit, von oben herab reden sie ihr wirres Wort. Sie setzen ihr Maul an den Himmel und ihre Zunge ergeht sich auf Erden. Das Volk fühlt sich zu den Frevlern hingezogen, geht doch von den Frevlern die Rede aus, es sei unnütz, Gott zu dienen, weil dies doch nichts einbrächte. Die Frevler fragen, welchen Nutzen die Gebote Gottes haben. Es sei doch im Grunde derjenige, der übermütig lebe, glücklich zu preisen, und der hätte Erfolg, der das Böse täte, denn Gott strafe doch nicht die, die ihn versuchten (Mal 3,14 f). Der Frevler sinnt Arges gegen den Frommen; er zieht das Schwert, spannt den Bogen, um den Armen zu töten (Ps 37,12—14). Aber auch das andere stellen die Weisheitspsalmen heraus: der Frevler steht auf schlüpfrigem Grund. Jahwe läßt ihn in die Täuschungen hineinstürzen (Ps 37,18). Der hochmütige Frevler verschwindet am Ende doch. Dann stellt sich heraus, daß Jahwe gegen den Frevler eingeschritten ist, indem er ihn von der Erde vertilgte (Ps 37,35 ff). So wird hier der Frevler dem Gerechten als warnendes Zeichen vor Augen gestellt. Der Spott und die Lästerungen der Frevler sind von kurzer Dauer. Das Bleibende ist das unerschütterliche Vertrauen, daß Jahwe die Abtrünnigen vertilgt und somit das Ende der Gottlosen Verderben heißt (Ps 37,38).

## Die Toraerfragung

Das verklammernde Element für die Psalmen 15, 24, 115 und 121 ist, daß sie in der Liturgie des Tempels ihren „Sitz im Leben" haben und einen lehrhaften Charakter zeigen, so daß sie den Weisheitspsalmen zugerechnet werden müssen.

### *Psalm 15*

Er ist näherhin eine Toraerfragung, in der um die Eintrittsbedingungen für das Heiligtum nachgesucht wird. In einem liturgischen Akt stellen die Wallfahrer die Frage, wer würdig ist, den heiligen Ort zu betreten. Eine solche Toraliturgie könnte im vorexilischen Festkult ihren Platz gehabt haben.

### *Psalm 24*

Die Gattung des Psalms ist nicht eindeutig zu bestimmen. Aber die liturgischen Elemente sind ausschlaggebend, enthalten sie doch die Vorbedingungen zum Eintritt in das Heiligtum. Eine Gruppe von Kultteilnehmern steht vor den Toren des Tempels und begehrt Einlaß. Man wird an ein Zeremoniell, das mit der Bundeslade verbunden ist, denken müssen, so daß der Psalm Niederschlag einer Prozession mit der Lade ist.

*Psalm 115*

Er ist für eine Gebetsliturgie der angefochtenen Jahwegemeinde gedacht. Das Schicksal der unter die Heiden versprengten Gemeinde der nachexilischen Zeit bildet den Hintergrund für die Frage: „Wo ist denn Gott?" (V. 2). Mit einem Bekenntnis zur Weltüberlegenheit des Gottes Israels wird die Frage beantwortet.

*Psalm 121*

Einem Zweifelnden wird die göttliche Güte und Sorge verkündet. Wegen der Frage nach der Hilfe für den Menschen (V. 1) kann der Psalm der Toraliturgie zugeordnet werden. Als Hintergrund kommt am ehesten ein Entlassungszeremoniell in Frage, das sich beim Fortgang von der heiligen Stätte abspielt. In der Toraerfragung geht der Gläubige zum Priester, und erbittet von ihm eine Weisung im Auftrag Jahwes. Beispiele, wie eine solche Erfragung ausgesehen hat, finden sich Hagg 2,11—14 und Sach 7,1—3. In der Anfrage beim Propheten Haggai geht es darum, ob heiliges Fleisch, das mit Brot oder Öl oder Wein oder sonstigem in Berührung kommt, dadurch die andern Speisen auch heilige. Der Priester gibt einen abschlägigen Bescheid (Hagg 2,11—14). In Psalm 15 handelt es sich nicht um die Anfrage eines einzelnen betreffs einer rituellen Weisung, sondern hier finden sich Elemente der Toraerfragung grundsätzlicher Art, indem die Bedingungen für den Eintritt in das Heiligtum dargelegt werden. Die Antwort verweist auf das Gottesrecht. Derjenige gilt als untadelig, der gerecht ist und die Wahrheit spricht, der keine Verleumdungen verbreitet, dem Nächsten nichts Böses antut, der den Nachbarn nicht schmäht, der kein Geld um Wucher leiht, der Unschuldige nicht aufgrund einer Bestechung als schuldig verurteilt. In einer ähnlichen Weise findet sich auch in Psalm 24 dieses Frage- und Antwortspiel.

Die Frage lautet:

Wer darf hinaufziehn zum Berg des Herrn,
wer darf stehn an seiner heiligen Stätte? (Ps 24,3)

Und die Antwort heißt:

Der reine Hände hat und ein lauteres Herz,
der nicht betrügt und keinen Meineid schwört.
Er wird Segen empfangen vom Herrn
und Heil von Gott, seinem Helfer.
Das sind die Menschen, die nach ihm fragen,
die dein Antlitz suchen, Gott Jakobs. (Ps 24,4—6)

Die Toraerfragung spielt sich offensichtlich als liturgischer Akt ab. Die Wallfahrer begehren Einlaß in den heiligen Bezirk. Indem sie ihre Jahweverbundenheit bekunden, die sich darin ausdrückt, daß sie untadelig und gerecht wandeln, dürfen sie das Heiligtum betreten. Solche Zeremonien werden wohl im vorexilischen Festkult üblich gewesen sein. Die Toraerfragung ist das beste Beispiel dafür, daß in Israel Kult und Leben nicht auseinanderfallen, denn ganz konkret wird bei der Feier des Festes die Frage gestellt, ob in der Zwischenzeit der Gläubige auch in der gottgemäßen Haltung gelebt hat. Dahinter steht die Vorstellung, daß die Heilsgabe im alttestamentlichen Kult keine magische Kraft ist, die in unpersönlicher Fülle bei jedem Fest ausgeschüttet wird, sondern nur dem zukommt, der gerecht ist, der Jahwe als den Herrn seines Alltags anerkennt. Hier zeigt sich, daß die Jahwefrömmigkeit sich nicht in einer bloß äußeren Erfüllung ritueller Gesetze erschöpft, sondern daß es wesentlich auf die Gesinnung ankommt. Wer Gottes Willen erfüllt, der darf in seinem Heiligtum wohnen und ihm wird das Heil zugesagt.
Eine Unschuldsbeteuerung, die wohl auch ihren „Sitz" in der Liturgie hat, findet sich Ps 44,18—23. Dort weist eine Gruppe von Jahwetreuen darauf hin, daß sie ihren Gott nicht vergessen und den Bund nicht gebrochen haben. Sie wichen nicht ab von dem durch Gott vorgezeichneten Pfad, ihre Hände streckten sie nicht nach einem fremden Gott aus. Darum ist dieser Gruppe unverständlich, daß über sie Schmach und Strafe gekommen ist. So stellt sich hier, wie an verschiedenen andern Stellen in den Weisheitspsalmen, die Frage, wie

die Erwählung mit dem Geheimnis des Leidens der Frommen und Gerechten in Einklang zu bringen sei. Weil der Gerechte in der Bundesordnung lebt und daher frei von Schuld ist, vermag er den Zusammenhang von Vergehen und Strafen nicht anzuerkennen. So bleibt die einzige Antwort auf die Frage nach Leiden und Schmach:

> Um deinetwillen werden wir getötet Tag um Tag,
> behandelt wie Schafe, die man zum Schlachten bestimmt hat.
> (Ps 44,23)

Das Leiden trifft den Getreuen, weil er zu Jahwe gehört, so daß schließlich das Leiden zum Wesensmerkmal der Existenz des Gerechten wird: „Der Gerechte muß leiden“ (Ps 34,20).

# 6. Die Geschichtspsalmen

Die Geschichtspsalmen sind davon bestimmt, daß auf sie sowohl der Lobpreis und der Dank wie auch die Ermahnung und Lehre eingewirkt haben. Sie sind in der Erzählung gehalten. In ihnen sind Tendenzen der deuteronomistischen Geschichtsschreibung erkennbar, da über die Landnahme hinaus die Heimsuchungen während der Richterzeit (Ps 78,59—64) und vor allem die Erwählung Davids und des Zions (Ps 78, 65—72) erwähnt werden. Die Geschichtspsalmen zeugen von der unveränderlichen Heilszusage Jahwes (Ps 106,45), die während der Zeit des Exils gültig bleibt, auch wenn die äußeren Gegebenheiten der Gefangenschaft dagegen zu sprechen scheinen. Gottes Gnade ist eben größer als alle menschliche Schuld.
Alles Geschehen und alle Geschichte sollen zur Erkenntnis Gottes führen, denn diese Erkenntnis ist wesenhaft Gemeinschaft mit ihm. In den geschichtlichen Taten zeigt Jahwe sein Handeln für die Seinen an, so daß er aus seinen Wesensäußerungen der Güte und Gerechtigkeit, der Wahrheit und Gnade erkennbar wird. Somit wächst aus der Geschichte heraus der Glaube, der nicht nach Art dogmatischer Lehrsätze formuliert ist, sondern in einer Vielzahl von Begebenheiten jeweils neu unter Beweis gestellt wird. Indem die geschichtlichen Ereignisse rückblickend bedacht werden, läßt sich aus ihnen das Wirken Jahwes für sein Volk herauslesen. Zwischen göttlichem und menschlichem Handeln und Entscheiden gibt es immer Beziehungen, die sich vor allem in der Forderung eines Lebens und Verhaltens Israels nach den gottgewollten Weisungen und Geboten ausdrücken. Die Stetigkeit ist ein wesentliches Moment des alttestamentlichen Gottesglaubens, wobei es nicht um eine Wiederholung des Früheren oder um die Wiederkehr des Gleichen geht, so daß die Zeit nur fortschreitet, sondern es geht um die Fortführung von Grundlinien, etwa daß der Gott Israels der Gott des Mitseins ist, der das Heil der Seinen herbeiführt. So vollzieht sich das göttliche Heilswerk nicht in einer ersten einmaligen Verwirklichung, sondern es ist von solcher

Spannungsgeladenheit, daß es von Stufe zu Stufe zu immer neuer und tieferer Verwirklichung ansetzen kann, bevor es auf der letzten und höchsten endzeitlichen Wirklichkeitsstufe zur Vollendung des Heilsplanes gelangt. Gott in der Geschichte erfahren, das heißt für Israel, dauernd bereit zu sein, auszuziehen, sich hinauszuwagen aus der Sicherheit in die Unsicherheit, aus Ruhe und Geborgenheit in Auseinandersetzung und Kampf, aber darauf vertrauend, daß Jahwe zu seinen Zusagen steht. So hat das durch die Geschichte in Bewegungsein den Sinn, die Aufgerufenen und Hinausgeführten in eine größere Nähe zu Gott zu führen.

*Psalm 68*

Dieser Psalm scheint für eine Festprozession gedacht zu sein. Wesentliche Linien der Heilsgeschichte zeichnet er nach, da er Jahwe als Helfergott (V. 5—7) herausstellt und die Wunder auf dem Wüstenzug betont. Die Linien werden über die Verherrlichung der Wohnstätte Jahwes auf dem Zion (V. 16—19) weitergezogen über die Schilderung einer Festprozession (V. 25—28) bis hin zur Bitte um Jahwes Machterweis in der Endzeit (V. 29—32). Der Psalm scheint vom Deboralied (Ri 5), einem Siegeslied, das nach der siegreichen Schlacht gegen Sisera, dem Heerführer des Königs Jabin von Kanaan, angestimmt wurde, beeinflußt zu sein. Jüngere Teile des Psalms sind in der nachexilischen Zeit entstanden, da sie auf die Befreiung aus der Gefangenschaft zurückblicken.

*Psalm 78*

Ein typischer Geschichtspsalm, der die Geschichte des Bundes Jahwes mit seinem Volk als Lehre und Mahnung versteht. Die Heilsgeschichte wird im Bericht immer neu aktualisiert und kommt im Wort der jeweiligen Generation neu zu Bewußtsein. Die Erwählung des Zion und des Hauses David bilden den Höhepunkt des Psalmes und damit auch Zielpunkt der göttlichen Bundeshuld. Die Aufforderung, der Weisung Gehör zu schenken (V. 1—11), weist den Psalm als Weisheitslehre aus.

*Psalm 105*

Dieser Geschichtspsalm besingt in hymnischer Form Jahwes Bundestreue. Jahwe hat mit Abraham und Isaak einen Bund geschlossen (V. 9), der ewig gelten soll. Die Josefsgeschichte (V. 16—22) und Israels Aufenthalt in Ägypten werden erwähnt (V. 23—27), um zu den Plagen überzugehen (V. 28—36), das Auszugsgeschehen (V. 37 bis 43) und die Inbesitznahme des Landes (V. 44—45) zu beschreiben. Der in der nachexilischen Zeit entstandene Psalm dient neben der Vergegenwärtigung des heilvollen Handelns Jahwes auch Lehrzwekken, um zum Gehorsam gegen Jahwes Weisung aufzurufen.

*Psalm 106*

Ein Geschichtspsalm, der Elemente des Hymnus und des Klageliedes aufgenommen hat und zugleich mahnende und lehrende Tendenz aufweist. Vor allem wird der Gegensatz zwischen Jahwes Huld und Israels Schuld hervorgehoben, wobei die Gnade Jahwes immer stärker ist. Aus der Erwartung der Wiederherstellung Israels in der nachexilischen Zeit ist der Psalm gedichtet worden.

## Geschichte als Heilsgeschichte

Die ersten zusammenhängenden geschichtlichen Darstellungen in Israel sind wohl die Geschichte von Davids Aufstieg (1 Sam 16,14 bis 2 Sam 5,12), die Geschichte von der Thronfolge Davids (2 Sam 11 bis 20; 1 Kön 1—2) und schließlich das großangelegte Geschichtswerk des Jahwisten. Den geschichtlichen Darstellungen waren Bekenntnisformeln voraufgegangen, die die Herausführung aus Ägypten, die Führung durch die Wüste und die Verheißung des Landes erwähnten. Sie lassen allesamt eine geschichtstheologische Überlegung erkennen, indem sie die Geschehnisse auf das Tun Jahwes zurückführen. Geschichte in einer solchen Weise darzustellen, setzt einen gewissen Abstand zu sich selbst voraus, eben die Fähigkeit, sich als Volk selbst zum Gegenstand der Betrachtung zu machen. Israel hat seine Geschichte allerdings nicht einer nüchternen Wertung unterzogen, sondern sie zum Gegenstand des Lobpreises und des Rühmens, der Mahnung und der Warnung gemacht. Die Geschichtspsalmen sind das beste Zeugnis dafür, wie Geschichte hier gleichsam in das Gebet vor Gott mithineingenommen wird. In den Geschichtspsalmen werden die Taten Gottes gefeiert. Von der Erzväterzeit spannt sich der Bogen über den Aufenthalt in Ägypten, die dortige Unterdrückung, den Auszug und den Zug durch die Wüste bis hin zur Inbesitznahme des Landes Kanaan, verschiedentlich ausgezogen bis zu Davids Königtum. Das deuteronomistische Geschichtswerk greift auf die geschichtlichen Darstellungen früherer Zeiten zurück und weitet seine Darlegungen von der Zeit der Landnahme bis zur Katastrophe, dem Verlust der Selbständigkeit Judas (587 v. Chr.) aus. Da Israel in der Übergabe der Gebote (Dtn 5,1—22) eine klare Weisung für sein bundesgemäßes Verhalten zu Gott erhalten hat, wird es nach diesen Geboten gerichtet, so daß in der Befolgung oder Ablehnung Leben oder Tod liegen. So sind der Untergang Israels (722 v. Chr.) und die Wegführung aus dem gottgeschenkten Land nach Babel (587 v. Chr.) das unausbleibliche Gericht für den Abfall zum kanaanäischen Baalskult (Baal ist die Bezeichnung für die Götter der Fruchtbarkeit). Aber durch die Katastrophe und den Untergang hindurch bleibt der Glaube lebendig, daß Gottes Handeln mit der Menschheit letztlich auf das Heil hinausläuft. Die Schuld und die Sünde werden zwar mit furchtbaren Strafen belegt, die als zeitliche Gerichte über das Volk kommen, aber es eröffnen sich doch immer wieder neue Wege zum Heil. Aus all dem erhebt sich die Frage, was das für ein Gott ist, der seine Zeichen in die Geschichte hineinschreibt. Psalm 103,6—8 antwortet darauf: Jahwe übt Gerechtigkeit, wendet seine Hilfe den Bedrückten zu und ist barmherzig und gnädig, langmütig und reich an Huld. Gottes Eigenschaften werden als seine Taten verstanden. Seine wirkende Macht wird im Gebet bekannt, um so sein Verhältnis zu Mensch und Welt zu umschreiben. Unüberhörbar sagt ein Wort aus dem Propheten Jeremia, daß Gott ein Gott der Menschen ist: „Denn ich weiß, was für Gedanken ich über euch hege, spricht Jahwe, Gedanken zum Heil und nicht zum Unheil, euch eine Zukunft und Hoffnung zu gewähren" (29,11).

Der Gott Israels versucht, angefangen in der Erwählung der Erzväter, sich immer stärker an das Volk zu binden, so daß seine Geschichte den Charakter der Herausführung aus einem Land oder Zustand in ein Land und eine Zeit mit neuen Möglichkeiten annimmt. Die Herausführung aus Ägypten wird so zur göttlichen Heilstat schlechthin, denn Jahwe hat sein Volk und Eigentum durch große Macht erlöst (Dtn 9,26). Unter diesem Aspekt kann die ganze Geschichte Israels als Heilsgeschichte gedeutet werden, denn immer fordernder erhebt sich als Bedingung für die Erlösung die Rückkehr Israels zu dem anfänglichen, innigen Gottesverhältnis. „So spricht Jahwe: Noch denke ich an den Bundessinn deiner Jugend, an die Liebe deiner Brautzeit. Wie du hinter mir herzogst in der Wüste, im Land ohne Aussaat“ (Jer 2,2). Nur weil Jahwe Israel erlöst hat, wird Freiheit möglich, die Sammlung zu neuer Volksgemeinschaft (Jer 31,7—10). Jahwe allein schenkt Fülle, Freude und Trost (Jer 31,12—14). Das Endziel aller Geschichte ist der neue Bund, der immer währt. „Siehe, ich lese sie zusammen aus allen Ländern, wohin ich sie auseinandergejagt habe in meinem Zorn und Grimm und in gewaltiger Entrüstung, und führe sie an diese Stätte zurück und lasse sie in Sicherheit wohnen. Und sie werden mein Volk sein, und ich werde ihr Gott sein. Ich verleihe ihnen einen anderen Sinn und einen anderen Wandel, so daß sie mich jederzeit fürchten zu ihrem eigenen Wohl und dem ihrer Kinder nach ihnen. Ich werde einen ewigen Bund mit ihnen schließen und nicht mehr aufhören, ihnen meine Güte zu erweisen; auch werde ich ihnen die Furcht vor mir ins Herz legen, so daß sie nicht mehr von mir lassen“ (Jer 32,37—40). Erlösung und Heil in Freiheit sind für Israel nicht bloße Begriffe ohne konkrete Füllung, sondern sie sind zutiefst in der Erfahrung beheimatet; denn Gottes entscheidende Heilstat, von der das Volk seine Existenz herleitet und die es in den vielfältigsten Formen in kultischen Feiern vergegenwärtigt, ist eine Erlösung und Errettung, die im Bereich der Geschichte erlebt und erfahren wird, so daß Israel immer wieder bekennt, daß es in der äußersten Grenzsituation seiner Existenzbedrohung Hilfe von Gott erfahren hat.

# 7. Die prophetischen Gerichtspsalmen

Eine verhältnismäßig kleine Gattung des Psalters ist dadurch bestimmt, daß sie sogenannte Ich-Reden Jahwes bringt, also einen prophetischen Grundcharakter hat. Strittig ist allerdings, ob diese Gattung prophetische Denk- und Redeweise nachahmt oder Zeugnisse einer im Kult beheimateten Prophetie bietet. Wenn diese Psalmen im Kult ihren „Sitz im Leben" gehabt haben, dann müssen sie wohl als „prophetische Gerichtsliturgie" bezeichnet werden, weil Jahwes Erscheinen zum Gericht in ihnen besungen und gefeiert wird (Ps 50,1—6). Die Gattung der Psalmen mit prophetischem Grundcharakter läßt sich am besten erklären, wenn man davon ausgeht, daß die Geschehnisse am Sinai, die Übergabe der Gebote und der Bundesschluß nicht nur in der mündlichen Überlieferung als Gegenstand frommer Erinnerung fortleben, sondern in einem kultischen Drama gleichsam vergegenwärtigt werden. Die Psalmen 50 und 81 könnten demnach noch Reste eines sogenannten Bundeserneuerungsfestes überliefert haben.

Versammelt mir all meine Frommen,
die den Bund mit mir schlossen beim Opfer.
Höre mein Volk, ich rede.
Israel, ich klage dich an,
ich, der ich dein Gott bin.
Ich halte es dir vor Augen und rüge dich. (Ps 50,5.7.21 c)

Das Bundeserneuerungsfest ist allerdings mit einer gewissen Problematik belastet, da diese Institution sich nicht durchsetzen konnte und verfiel. Einzelne Texte lassen jedoch erkennen, daß diese Kultinstitution in Jerusalem Fuß faßte, aber nur in der Königszeit in Epochen umfassender Erneuerung, wie sie unter den Königen Hiskija (715—687/6 v. Chr.) und Joschija (640—609 v. Chr.) stattfand. Die Wiederherstellung des Gott-Volk-Verhältnisses wird in einem feierlichen gottesdienstlichen Akt vollzogen. So lassen sich ebenfalls von Psalm 81 aus Linien zum Festkult des jährlich begangenen Gedächtnisses des Bundesschlusses am Laubhüttenfest ziehen, in dessen Mittelpunkt die Vergegenwärtigung der Heilstaten Jahwes steht. Weil Jahwe Israel aus der Fron in die Freiheit führte, darum ist allein Jahwe der einzige Gott und kein anderer Gott soll in Israel sein (Ps 81,10). Jahwe wird auch fernerhin, so wie er in der Vergangenheit in allen Nöten der Erhörende und Hilfreiche war (Ps 50,15), die Geschichte seines Volkes zum Heile führen. Die sich immer wiederholende Verkündigung des grundlegenden Gebotes, das der Ausschließlichkeit Jahwes (Ex 20,3), zeigt, daß die Gerichtsverkündigung im Gottesdienst die alten Gottesgebote neu formuliert. Wenn Israel auf diese Weise die Sinaioffenbarung und insbesondere die Vergegenwärtigung der Gebote feiert, so ist dies ein deutliches Zeichen dafür, wie sehr es die Gottesoffenbarung vom Ereignishaften her versteht. Indem das Gottesrecht ausgerufen wird, feiert Israel seine Übereignung an Jahwe. Israel versteht die Gebote als eine in einer bestimmten Stunde der Geschichte ergangene Gottesoffenbarung, die ihm Erlösung und damit Heil und Leben zusagt. So zeugen die Psalmen, die im Gottesdienst beheimatet sind, davon, daß die Liturgie die Brücke zwischen Gott und Mensch schlägt.

*Psalm 50*

Das Gedankengut dieses Psalmes wurzelt weitgehend in der vorexilischen Prophetie. Jahwe erscheint, um zu sprechen, so daß die Gotteserscheinung darauf hinausläuft, den fordernden göttlichen Willen zu künden, damit Israel sein falsches Tun erkennt. Der Psalm hat im einzelnen nicht mehr näher zu bestimmende Beziehungen zu einem liturgischen Fest, bei dem das Gottesrecht neu verkündet wird.

*Psalm 81*

Von seiner prophetischen Gottesrede (V. 6 c—17) her gehört er in die Gattung der prophetischen Gerichtsliturgie. Heilsgeschichtliche Grundereignisse und die göttlichen Hauptgebote sind der Inhalt dieser kultischen Feier gewesen. Ein Herbstfest, das Laubhüttenfest (V. 4), käme am ehesten infrage, den Hintergrund für den Psalm zu bilden. Nach dem Aufruf zum Festjubel (V. 2—6) bringt ein Bote das Gotteswort zu Gehör (V. 7—17).

*Psalm 82*

Dieser Psalm ist auf der Grundlage der Gattung „Gerichtsrede" verfaßt, der eine Vision zugrunde liegt. Scheltwort (V. 2) und Mahnwort (V. 3—4) leiten die Gottesrede ein, der schließlich das Urteil folgt (V. 5—7). Der Psalm enthält Anspielungen auf die Auseinandersetzung Israels mit den Gottheiten der kanaanäischen Ureinwohner. Die kanaanäischen Götter sind zu Jahwes dienstbaren, himmlischen Wesen herabgewürdigt worden (vgl. 1 Kön 22,19; Jes 6,3; Ps 103,19). In der Liturgie wird Jahwe als der souveräne Herr der Götter- und Völkerwelt gefeiert (V. 8).

*Psalm 95*

Er setzt sich aus einem Hymnus (V. 1—7 a) und einem prophetischen Mahnwort (V. 7b—11) zusammen. Als Hintergrund des Psalms ist an eine regelmäßige kultische Begehung zu denken, wobei die feiernde Gemeinde in den Bereich der Gottesgegenwart (V. 6) einzieht. Jubelnd fällt das Volk vor Jahwe nieder. Aber der Jubel wird jäh überlagert vom Donner des Gotteswortes (V. 7 b—11). Beziehungen zur Gesetzesverlesung (Dtn 31,11) und die Verbindung von Schöpfungs- und Erlösungsaussagen, die für den zweiten Teil des Jesajabuches charakteristisch sind, weisen für die Abfassung des Psalms in die frühe nachexilische Zeit.

*Psalm 103*

Dieses Lied gehört nur bedingt zur Gattung der prophetischen Gerichtsliturgie, ist es doch im Grunde ein Dankhymnus. Der Verfasser lehnt sich aber stark an Prophetentexte an und tröstet, bekehrt und ermahnt seine Zuhörer.